Alimentación Sana

LAS PASTAS

CLUB INTERNACIONAL DEL LIBRO
S.A. de Promoción y Ediciones

Xavier Domingo

Escritor, columnista, gastrónomo y viajero

■

Si no el monopolio de la pasta, si al menos la excelencia de este manjar la poseen dos cocinas: la de Italia y la de China.

Durante muchos años se polemizó sobre si la pasta era de origen chino o italiano. Hoy, este problema, gracias a largos trabajos de investigación, está resuelto: el arte de hacer pasta con cereales diversos nació en China, unos 5.000 años antes de Cristo, aunque en la península italiana ya lo conocieron algunas culturas prerromanas.

Pero lo más importante es que la pasta es tan maleable, tan agradecida y tan excelente soporte de innumerables gustos, aromas y recetas, que las cocinas de China y de Italia, gracias a la pasta, son hay en día las únicas que realmente pueden ser calificadas de universales. No hay lugar en el mundo en donde no existan restaurantes italianos o chinos con una carta llena de platos de pasta; pastas de trigo, de cebada, de arroz, de soja, siempre cocidas en gran cantidad de agua y, luego, aderezadas con lo que se quiera. Es un plato absolutamente popular en el que la imaginación no ha tenido freno: verduras, toda clase de carnes, mariscos, crustáceos o pescado, salsas suaves, cremosas o picantes. Todo va bien con la pasta, que también se come fría, en ensalada, aderezada con aceite de oliva y con salsa de soja, entre otros.

El Levante español encontró una de sus fórmulas más originales y sabrosas: tostada en aceite y, luego, cocida con caldo de pescados gelatinosos. El "rossejat" o "fideuá" constituye un fantástico descubrimiento para los propios reyes de la pasta, italianos o chinos.

Un plato de pasta puede ser de lujo, y siempre es de recurso. ¿Quién no ha salido alguna vez de un apuro gracias al paquete de macarrones o de espaguetis que se guarda de reserva? Unas aceitunas, una lata de atún, un pepinillo y un poco de salsa de tomate, y ya tenéis en la mesa una pasta a la siciliana que agradecerá la gota de aceite, y será siempre un regalo. Con la ayuda de este libro podrá, sin duda, realizar multitud de sabrosas recetas que harán de su mesa un placer para los amantes de la pasta.

XAVIER DOMINGO

LAS PASTAS

La pasta es, sin duda, uno de los alimentos que más popularidad ha alcanzado en todos los países del mundo.

Italia está considerada como el país con mayor tradición en cuanto a la producción y consumo de la pasta, pero la realidad es que su utilización es general en todas partes.

Gusta a pequeños y mayores, es un alimento de fácil digestión, y su preparación no ofrece, en la mayoría de los casos, grandes dificultades.

Realmente, se trata de un producto con infinidad de ventajas: no es caro, es saludable y, contra lo que muchas personas pueden pensar, no engorda. Sin embargo, tiene un aporte energético de gran valor, tanto que la mayoría de los deportistas suelen incluir un plato de pasta en sus dietas, antes de realizar una prueba importante.

La razón de su excepcional aporte alimenticio viene dado por su contenido de almidón, que es un hidrato de carbono capaz de proporcionar tanta energía como las proteínas simples. Lo más curioso del tema es que 100 g de espaguetis cocidos aportan tan sólo 140 calorías, es decir, menos de la mitad del peso equivalente en carne.

Pero además, las proteínas que se encuentran en las pastas contienen seis de los ocho aminoácidos esenciales. Para que nos proporcionen una alimentación completa, basta con incorporarles un poco de salsa de carne y tomate y un poco de queso rallado. Tendremos entonces un plato muy sabroso, nutritivo y perfectamente equilibrado.

El origen de la pasta es incierto, pues se han encontrado pruebas de su existencia en documentos que datan de mediados del siglo XI. Por otra parte, en un libro de cocina escrito por el gastrónomo Apicius, se pueden encontrar fórmulas de preparación de pasta. Los etruscos y los egipcios tenían productos muy similares a la pasta actual, y el verdadero origen queda oscurecido por la lejanía de los tiempos. La creencia popular habla de Marco Polo como el introductor de la pasta en Italia, cuando regresó de uno de sus famosos viajes al Lejano Oriente, en el siglo XIII, pero esta aventura ha quedado en una simple leyenda, y no hay que darle mayor importancia, dentro de la historia de este maravilloso alimento.

Las pastas se hacen, por lo general, con harina de trigo o semolina y agua; algunas de las pastas asiáticas, se fabrican con harina de arroz; y las diversas variedades secas que se encuentran en los comercios, están hechas generalmente con una sémola rica en proteínas, procedente de la envoltura del grano de trigo duro.

Las cantidades de pasta que se deben utilizar por persona varían en función de los hábitos alimenticios de cada hogar, pero la ración más usual y recomendada es de 60 g de pasta seca por persona, que se convertirán en 150 g de pasta cocida. La cantidad de agua que se debe utilizar para cocer la pasta deberá ser abundante, cocinándola en una cazuela de buen tamaño. En general, la proporción de agua más aconsejable para que la pasta hierva de una forma adecuada, debe ser: 2 litros para 150 ó 200 g de pasta seca, 3 litros para 200 ó 300 g, y 4 litros para 300 ó 500 g de pasta.

Normas de preparación

Es importante observar algunas reglas para obtener unos resultados óptimos en la preparación de las pastas.

En primer lugar, ponga el agua a hervir. Cuando comience la ebullición, añada la sal, 1/2 cucharadita por cada 100 g, y a continuación, introduzca la pasta, en varias veces. Cubra la cazuela para que la ebullición se produzca de nuevo con rapidez, y regule el fuego para que la cocción sea constante, aunque no demasiado viva. Tenga en cuenta el tiempo recomendado por el fabricante desde el momento en que el agua empiece a hervir, después de verter la pasta. Compruebe de todas maneras la textura antes de sacarla. La pasta deberá estar "al dente", pero en muchos casos el tiempo de cocción deberá ser un poco más largo, si las pastas están guardadas durante más tiempo. Deberán tener una fecha de caducidad en el envase, por lo que recomendamos que rechace aquellas pastas que hayan sobrepasado dicha fecha o se encuentren próximas a la misma.

Escurra las pastas una vez terminado el proceso de cocción, y no las aclare, salvo que la receta así lo indique expresamente, pues se perderían algunas de sus cualidades nutritivas.

Incorpore las salsas enseguida, para que las pastas se impregnen, y mézclelas bien.

Tipos de pasta

Existen diferentes tipos de pasta, según su composición, color, forma y tamaño. La primera diferencia es la de las pastas normales, hechas con harina de trigo, agua y sal, y las que además incluyen huevo en su composición.

En lo que respecta a los colores, tanto en las pastas industriales como en las caseras, elaboradas con máquinas manuales o eléctricas, se pueden obtener una gran variedad de colores, con el aditamento de diferentes ingredientes que proporcionan los colores que sean de nuestro agrado, así como una serie de matices gustativos, en función de dichos ingredientes.

La pasta más conocida es la *pasta verde,* que se obtiene con la adición de una crema poco consistente elaborada a base de espinacas. La tinta del calamar proporcionará un bonito color negro, y con un puré de tomate, conseguiremos un bello rojo. La remolacha, la zanahoria, el azafrán y otros muchos ingredientes pueden utilizarse con resultados interesantes e, incluso, espectaculares. Pasaremos, a continuación, a describir los diferentes tipos de pasta seca que se pueden encontrar en los establecimientos de alimentación y que, en los últimos años, han aumentado notablemente, tanto en variedad como en calidad.

Lasaña: Su tamaño oscila entre los 9 ó 10 cm de ancho por 14 ó 15 cm de largo. En el caso de pasta seca, el envase indicará la necesidad de remojar o cocer las hojas. Se preparan superponiendo diferentes capas de pasta, con diversos ingredientes entre ellas, y salsas, que deberán cubrir la lasaña antes de introducirla en el horno. Existen algunas variantes de

menor tamaño, y otras más finas y estrechas que reciben el nombre de *lasaña ricce*.

Canelones: Los hay de dos tipos: los que están ya cerrados, y los que vienen en láminas planas. En este último caso, se deben enrollar con gran cuidado, una vez rellenos de los ingredientes requeridos. Su longitud oscila entre los 8 y los 10 cm.

Tallarines: También llamados *fettuccini* o, simplemente, *cintas*. Suelen tener 5 mm de anchura, y vienen en forma de pequeñas madejas; son planos y, en algunos casos, se encuentran tallarines de una anchura menor.

Espaguetis: Son unas tiras largas, de forma redondeada. Los más finos, reciben el nombre de *vermicelli spaguettini o cappellini*. Existe una variedad ondulada que se denomina *fusilli*. Troceados pueden utilizarse como fideos, para sopas o guisos caldosos.

Macarrones: Se trata de tubos de pasta, de diferentes tipos. Uno de ellos es largo, de unos 20 cm de longitud, y otro corto, que recibe el nombre de *penne*. En el caso de tener estrías, reciben el nombre de *penne rigati;* una variante, bastante más corta y con curvatura, se denomina *codito, y* suele tener la pasta algo más fina.

Ditali: Se trata de una pasta hueca, de 2 ó 3 cm de longitud, y bastante gruesa. Existen variantes, con estrías en la pared exterior.

Espirales: Conocidas también por *rizos,* son pastas de pequeño tamaño, de unos 4 cm aproximadamente, en forma de espiral, y que se suelen encontrar de diferentes composiciones y colores.

Caracola: Pasta que tiene 2 ó 3 cm de tamaño, y que por su forma se la conoce por el nombre de *caracola*. De características similares, podemos encontrar en el mercado otra pasta llamada *concha*.

Ruedas: Se trata de unas pastas circulares, con radios, como las ruedas de un carro, que resultan exquisitas con salsa, pues la asimilan perfectamente.

Fideos: Se utilizan principalmente en guisos, se venden partidos en trozos no muy grandes, aunque a veces tienen forma de ovillo o madeja. Su grosor varía, pudiendo encontrarlos de distintos calibres.

Mariposas: Llamadas, en Italia, *farfalle;* tienen forma de *lazo y* se encuentran de diferentes colores: blanco, verde y rojo.

Estrellitas: Pasta de pequeño formato, que tiene la apariencia de estrella, y se utiliza, básicamente, en la preparación de sopas.

Noquis: Existen varios tamaños, con forma de *concha;* su superficie puede ser lisa o estriada.

Raviolis: Pertenecen al grupo de las pastas rellenas; se pueden adquirir frescos o en lata, y con la adición de una salsa, constituyen un plato muy completo. Su forma puede ser cuadrada o estrellada.

Tortellini: Tienen forma de anillo, y suelen estar rellenos de carne. Pueden encontrarse ya preparados o confeccionarse en casa, cortando redondelitos de pasta con el relleno en medio, cerrándolos con los dedos, y hundiéndolos en la parte central, para que tomen su forma característica.

Pasta casera

Hasta aquí hemos realizado una exposición de las principales pastas que se consumen habitualmente, procedentes de la industria. Todas ellas pueden elaborarse en casa, aunque en nuestro país no es una practica común, pues, por lo general, no se dispone de los instrumentos necesarios para poder confeccionarlos con facilidad y con garantías de un buen resultado.

En cualquier caso, pasaremos a dar unas indicaciones de cómo hacer la pasta en casa, por si alguna vez tiene un poco más de tiempo, y se decide a prepararla, lo cual, sin duda, será una agradable novedad en su mesa, y una delicia para todos.

Los ingredientes necesarios son: para 400 g de harina, 4 huevos, 2 cucharadas de aceite de oliva y una cucharadita de sal. En vez de los cuatro huevos, puede utilizar 6 yemas.

A continuación, daremos las recetas para la preparación de las dos pastas frescas básicas, por si decide emprender esta entretenida labor culinaria.

Masa básica de pasta:

Los ingredientes necesarios para 4 personas son: 175 g de harina de fuerza, agua, 2 huevos y 1 cucharada de aceite.

Para preparar la masa en un robot de cocina, ponga los ingredientes en el recipiente contenedor, y procese la mezcla durante 40 segundos. Si la mezcla forma una bola y queda muy húmeda al tacto, incorpore un poco más de harina, hasta que la masa esté blanda, y no resulte pegajosa; si, por el contrario, no forma una bola, trate de unirla ayudándose con los dedos. Si está demasiado seca, añada un poco de agua, hasta que se forme la bola. La pasta estará entonces lista para aplanar y cortar, bien con un rodillo y un cuchillo o, si dispone de ella, con una máquina para pasta.

Cuando vaya a preparar la masa a mano, ponga la harina en un cuenco amplio, y forme con ella un volcán. Ponga los huevos y el aceite en el cráter, y comience a mezclar la harina con los demás ingredientes, de forma gradual y con la ayuda de un tenedor de madera. Pase la masa a una superficie lisa, ligeramente enharinada, y amase durante 5 ó 6 minutos.

La masa deberá poder despegarse de la superficie sin que deje pegotes en ella. Si estuviese demasiado húmeda, incorpore un poco más de harina, hasta que deje de estar pegajosa; y si está demasiado seca, añada un poco de agua, hasta que tenga la consistencia necesaria. Continúe amasando, hasta que la masa esté suave y elástica. Serán necesarios 8 ó 10 minutos aproximadamente.

A continuación, prepárela con la ayuda de una máquina de pasta. Si no dispone de una y va a hacer la operación manualmente, envuelva la masa en papel engrasado o plástico, y déjela reposar durante 15 minutos antes de proceder a su preparación.

Masa de pasta con semolina:

Los ingredientes necesarios para 4 personas son: 125 g de harina de fuerza, 150 g de semolina fina y 1 vaso escaso de agua.

Si va a utilizar un robot de cocina, mezcle la harina con la semolina, y vaya incorporando el agua, poco a poco, hasta que se forme una bola. Proceda como en el caso anterior, si la mezcla queda demasiado seca o húmeda.

Para prepararla a mano, mezcle la semolina con la harina, haga un volcán, y vaya incorporando agua y removiendo con un tenedor hasta que se forme una bola. Para el resto de la operación, proceda como en el caso de la *masa básica de pasta*

Pasta oriental

Existen otros tipos de pastas que no por menos conocidas dejan de ser un interesante exponente de este tipo de alimento. Nos referimos a las pastas que se consumen en el Lejano Oriente y que, poco a poco, han empezado a tomar posiciones en nuestro ámbito cultural, comenzando en Estados Unidos y, en la actualidad, en Europa.

Los principales exponentes son los tallarines chinos, de diferentes características, y todos los envoltorios de fina pasta, que se utilizan en multitud de deliciosos preparados. Los más conocidos son los *rollitos de huevo,* los *rollos de primavera* y el *wonton,* que se encuentran no sólo en tiendas especializadas, sino también en casi todos los supermercados relevantes.

Los *tallarines* son la base de muchas de las recetas de la cocina cotidiana en China: se preparan con harina de arroz, ocasionalmente con harina de trigo e, incluso, con almidón de semillas. Como en el proceso de fabricación los *tallarines chinos* se precuecen, no es necesario que su cocinado sea como en el caso de la pasta occidental; basta con sumergirlos brevemente en agua hirviendo o muy caliente, con el objeto de que se rehidraten.

Otros tipos de pastas orientales, como los *tallarines frescos de huevo* o los que se preparan con harina de trigo, tienen un proceso de cocinado similar al de las pastas ordinarias.

Antes de finalizar esta introducción, es importante mencionar las nuevas tendencias de utilización de la pasta en la cocina, que se están extendiendo cada vez más en la composición de ensaladas. Cocineros avanzados rellenan las pastas con los elementos más sorprendentes, y los resultados obtenidos son muy satisfactorios y, en algunos casos, espectaculares.

Las salsas y los quesos

Como conclusión, es importante hablar de dos complementos fundamentales en la cocina habitual de la pasta: *las salsas y los quesos.*

Las salsas básicas para acompañar las pastas son *la boloñesa y el pesto.*

La *salsa boloñesa* es fácil de preparar, y se puede guardar en el frigorífico durante bastante tiempo e, incluso, congelar. Existen diferentes variantes de esta receta, pero los ingredientes imprescindibles son el aceite de oliva, la carne picada, el tomate, el ajo y la cebolla. Puede llevar también vino tinto, tocino, zanahoria y diferentes tipos de hierbas.

El *pesto* tiene la ventaja de no necesitar la cocción para su proceso de preparación. Sus ingredientes básicos son el aceite de oliva, la albahaca, el ajo, los piñones y el queso.

En cuanto a los *quesos,* es de sobra conocido su uso como complemento de la cocina de las pastas, tanto durante el proceso como en el toque final. Varios son los quesos que se utilizan con más frecuencia: entre los frescos, los más comunes son el *requesón y* el *ricotta;* entre los quesos más hechos, posiblemente sea el *parmesano* el más famoso, pero también se utilizan otros quesos, como el *emmenthal, gruyère y* el *queso de bola.*

Las recetas que a continuación ofrecemos, le darán múltiples posibilidades para sorprender a su familia con platos nuevos, originales y de exquisito sabor. Su imaginación y buen hacer, podrán desarrollar nuevas preparaciones, gracias a las experiencias que le proporcionen las que aparecen en este volumen, y estamos seguros de que, muy pronto, todos los miembros de su familia se habrán convertido en unos forofos indiscutibles de uno de los productos más interesantes y versátiles de la cocina: la pasta.

Ensalada de macarrones y huevos

Ingredientes para 4 personas:

- *300 g de macarrones*
- *3 huevos*
- *2 manzanas*
- *100 g de salchichas de Frankfurt*
- *1 pimiento rojo*
- *2 tomates*
- *pepinillos en vinagre*
- *1 vaso de nata líquida*
- *1/2 cucharadita de pimentón*
- *nuez moscada*
- *salsa Worcester*
- *sal*

Vierta la pasta en una olla con abundante agua salada hirviendo, cuézala, escúrrala, pásela bajo el chorro de agua fría, para que mantenga su punto de cocción, y viértala en una fuente de servir.

Cueza los huevos durante 10 minutos, pélelos, pártalos en rodajas y añádalos a la pasta.

Pele las manzanas, eliminando el corazón, córtelas en taquitos, y póngalas en la fuente con los demás ingredientes.

Agregue las salchichas cortadas en tiras, el pimiento picado, los tomates limpios, sin semillas y cortados en gajos y, por último, los pepinillos en rodajas.

En un cuenco, mezcle la nata con el pimentón y una pizca de nuez moscada, y rocíe con la salsa Worcester. Vierta el preparado sobre la pasta y remueva varias veces.

Introduzca el recipiente en el frigorífico durante 30 minutos antes de servir.

Espaguetis con marisco

Ingredientes para 4 personas:

- *500 g de espaguetis*
- *100 g de gambas peladas*
- *100 g de mejillones sin concha*
- *100 g de cigalas sin cáscara*
- *1 cebolla grande*
- *4 cucharadas de aceite de oliva*
- *30 g de harina*
- *3 cazos de caldo*
- *1 vaso de leche concentrada*
- *salsa Worcester*
- *el zumo de 1/2 limón*
- *1 cucharadita de salvia*
- *1 cucharadita de estragón*
- *unas ramitas de perejil*
- *sal y pimienta*

Cueza la pasta en una cacerola con abundante agua salada hirviendo.

Ponga todo el marisco en un cuenco.

Pele la cebolla, píquela y dórela en una cazuela con el aceite; añada la harina y deje que se dore. Diluya con el caldo, y cueza durante 5 minutos; agregue la leche concentrada y los mariscos, salpimente, rocíe con salsa Worcester y el zumo de limón, y espolvoree con la salvia y el estragón.

Escurra la pasta, y pásela por agua fría, para detener la cocción; viértala en la cazuela, remueva bien el preparado, y deje que se caliente durante 5 minutos. Pruebe los espaguetis, y rectifique de sal si es necesario. Coloque el preparado en una fuente de servir bien caliente, y espolvoréelo con el perejil picado.

Tallarines del marino

Ingredientes para 4 personas:

- *500 g de tallarines*
- *8 filetes de anchoa*
- *4 yemas de huevo*
- *100 g de mozzarella*
- *80 g de mantequilla*
- *sal y pimienta*

Trocee los filetes de anchoa, y póngalos en un cuenco con las yemas de huevo, la mozzarella cortada finamente, y la punta de una cucharadita de sal y de pimienta; remueva bien los ingredientes, y déjelos reposar.

Cueza la pasta en abundante agua salada, y viértala, una vez escurrida, en una sartén bastante grande; condimente con el preparado, agregue la mantequilla derretida, y deje que los ingredientes se liguen a fuego muy lento, durante 4 ó 5 minutos, hasta que el condimento forme una crema.

Ponga la pasta en la fuente de servir precalentada, y sirva enseguida.

Tortellini con tomate y requesón

Ingredientes para 4 personas:

- *500 g de tortellini frescos*
- *500 g de tomates pelados*
- *1/2 vaso de aceite de oliva*
- *2 dientes de ajo*
- *unas ramitas de albahaca*
- *150 g de requesón*
- *sal y pimienta*

Cueza los tortellini al dente en abundante agua salada hirviendo y escúrralos.

Prepare la salsa: triture los tomates pelados; caliente el aceite en una sartén y dore ligeramente los dientes de ajo; agregue los tomates y la albahaca, sale y espolvoree con abundante pimienta. Déjelo cocer a fuego vivo, hasta que espese.

A continuación, escurra los tortellini, viértalos en una fuente de servir, condiméntelos con la salsa hirviendo, agregue el requesón, y remueva varias veces.

Sirva el plato enseguida, bien caliente.

Tallarines verdes al parmesano

Ingredientes para 4 personas:

- *500 g de tallarines verdes*
- *75 g de mantequilla*
- *100 g de queso parmesano rallado*
- *50 g de queso fundente*
- *1 vaso de nata líquida*
- *nuez moscada*
- *sal*
- *pimienta blanca molida*

Cueza al dente, en abundante agua salada, los tallarines, escúrralos, y viértalos en una fuente de servir precalentada.

Mientras se está cociendo la pasta, derrita en una sartén la mantequilla; en cuanto ésta esté espumosa vierta encima el queso parmesano rallado y el queso fundente cortado en finas lonchitas. Remuévalo y cocínelo a fuego lento, añadiendo poco a poco la nata, hasta obtener una salsa cremosa y homogénea.

Procure que el condimento y la pasta estén listos al mismo tiempo.

Vierta la salsa sobre la pasta, y espolvoree con abundante pimienta blanca molida y un poco de nuez moscada rallada. Remuévalo varias veces, para que se impregnen los tallarines con la salsa, y sirva el plato bien caliente.

Ñoquis supremos

Ingredientes para 4 personas:

- *500 g de ñoquis*
- *2 filetes de pollo grandes*
- *2 cucharadas de aceite*
- *60 g de mantequilla*
- *3 cucharadas de vino blanco*
- *1 cucharada de harina*
- *1/4 de l de leche*
- *1 yema de huevo*
- *1/2 vaso de nata líquida*
- *100 g de queso parmesano rallado*
- *sal*

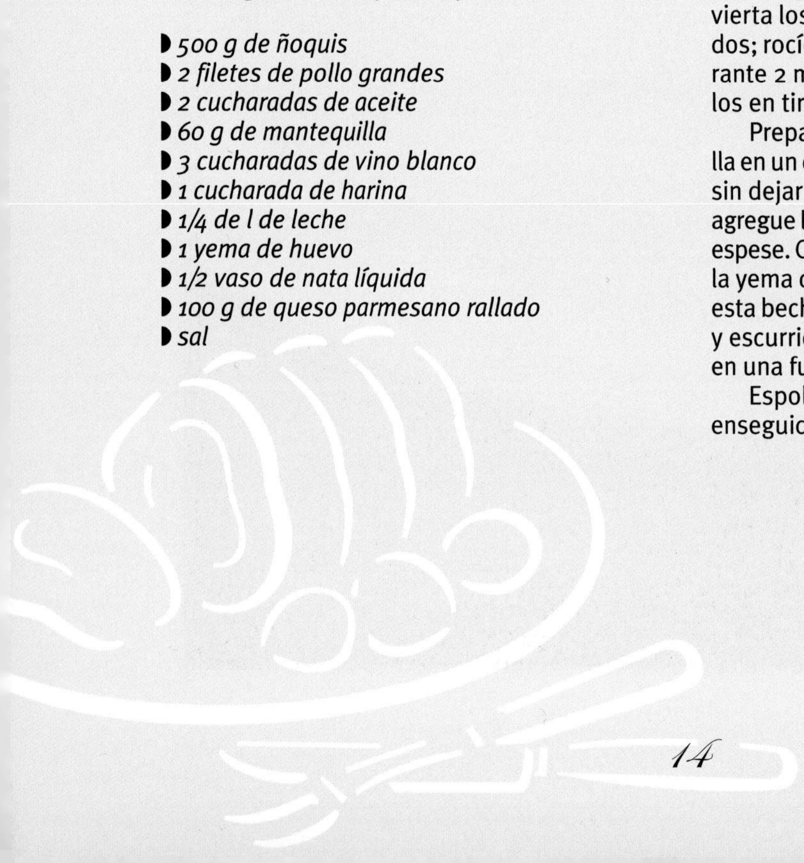

Ponga al fuego una cacerola con el aceite, vierta los filetes de pollo, y dórelos por ambos lados; rocíe con el vino blanco, sale y deje cocer durante 2 minutos. Retírelos del recipiente, y córtelos en tiras.

Prepare la bechamel, derritiendo la mantequilla en un cazo, y añadiéndole poco a poco la harina, sin dejar de remover con una cuchara de madera, agregue lentamente la leche, y deje cocer hasta que espese. Cuando vaya a retirarla del fuego, incorpore la yema de huevo, el pollo y la nata líquida; vierta esta bechamel sobre la pasta, previamente cocida y escurrida, que habrá colocado con anterioridad en una fuente de servir.

Espolvoree con el queso parmesano, y sirva enseguida.

Macarrones sicilianos

Ingredientes para 4 personas:

- *500 g de macarrones*
- *100 g de pasas*
- *8 filetes de anchoa*
- *100 g de aceitunas negras, deshuesadas*
- *100 g de aceitunas verdes, deshuesadas*
- *50 g de piñones*
- *1 vaso de aceite de oliva*
- *sal*

Ponga las pasas en remojo en agua templada, escúrralas, y viértalas en un cuenco junto con los filetes de anchoa desmenuzados, las aceitunas troceadas, los piñones y el aceite. Remuévalo, y déjelo reposar durante 30 minutos.

Hierva los macarrones en una cacerola con agua ligeramente salada, y escúrralos; póngalos en una fuente de servir, condimente con la salsa preparada, removiendo con cuidado, y sírvalos.

Timbal de lazos

Ingredientes para 4 personas:

- *300 g de lazos de pasta*
- *300 g de lomo de cerdo*
- *50 g de queso parmesano rallado*
- *100 g de mantequilla*
- *3 cucharadas de aceite*
- *2 cebollas*
- *2 dientes de ajo*
- *300 g de solomillo de añojo*
- *pimentón*
- *4 huevos*
- *1/2 vaso de nata líquida*
- *unas ramitas de albahaca o 1/2 cucharada de albahaca en polvo*
- *unas ramitas de mejorana*
- *sal y pimienta*

Cueza la pasta en abundante agua salada hirviendo, escúrrala, póngala en una fuente para horno untada de mantequilla, y condiméntela con 50 g de mantequilla y el queso parmesano.

Corte en finas lonchas el solomillo de añojo, así como la cebolla, el ajo y el lomo de cerdo.

Ponga al fuego una sartén grande con el aceite, y fría en ella la cebolla y el ajo; en cuanto hayan tomado color, agregue las carnes, salpimente y condimente con la punta de una cucharadita de pimentón. Fríalo a fuego medio, dorando las carnes por ambos lados.

Una vez cocida, vierta la carne sobre los lazos, y rocíela con el líquido de cocción.

Bata los huevos con una pizca de sal, agregando la nata, la albahaca y la mejorana finamente picadas. Remueva con cuidado, y vierta el preparado en una sartén a fuego medio con la mantequilla restante.

Siga batiendo los huevos en la sartén y, cuando se hayan cuajado lo suficiente, viértalos sobre la carne.

Hornéelo, gratinando durante 10 minutos, a 240 grados.

Sirva el plato directamente, en la misma fuente de cocción.

Muslos de pato con pasta fresca

Ingredientes para 4 personas:

- *4 muslos de pato confitado*
- *aceite de oliva*
- *100 g de pasta fresca al huevo*
- *100 g de pasta fresca a la espinaca*
- *2 cucharones de salsa española*
- *1/2 vasito de nata líquida*
- *sal y pimienta negra*

Para la salsa:

- *1 cebolla pequeña*
- *1 zanahoria pequeña*
- *1 pimiento verde*
- *1/2 pimiento rojo*
- *1 cucharada de harina*
- *2 cucharadas de tomate frito*
- *1 vasito de vino blanco*
- *2 cucharones de caldo de pastilla*

Ponga una cacerola al fuego con abundante agua y sal; cuando arranque a hervir eche la pasta y deje que cueza de 10 a 12 minutos o lo que indique el envase. En cualquier caso, pruébela y retírela del fuego cuando esté "al dente", escúrrala y refrésquela con agua fría. Reserve.

Haga la salsa española sofriendo la cebolla bien picada con la zanahoria cortada en trocitos y los pimientos también troceados; añada luego una cucharada de harina, remueva y tuéstela un poco; a continuación agregue 2 cucharadas de tomate frito, un vasito de vino blanco y un cucharón de caldo de pastilla. Deje cocer unos 20 minutos, hasta que la salsa espese. Resérvela caliente.

Fría los muslos en el aceite, dándoles vueltas por todos los lados durante unos minutos.

Monte los platos, disponiendo un muslo de pato en cada uno de ellos, rodeándolo con un poco de pasta blanca y otro poco de pasta verde, y rociando con la salsa.

Servir caliente este plato, que puede ser único.

Tallarines condesa

Ingredientes para 4 personas:

- *500 g de tallarines*
- *1 vaso de brandy*
- *1 vaso de nata líquida*
- *nuez moscada*
- *1 cucharadita de trufa rallada*
- *1 pizca de maicena*
- *2 cucharadas de mantequilla*
- *100 g de queso parmesano rallado*
- *sal y pimienta*

En una cacerola, mezcle el brandy con la nata, añada una pizca de nuez moscada y de sal, pimienta, la trufa y la maicena. Deje espesar la salsa a fuego muy lento.

Cueza la pasta en agua salada hirviendo, póngala en una fuente bien caliente, y condimente con la mantequilla derretida. Recubra toda la pasta con la salsa, y termine espolvoreando con el queso parmesano rallado.

Sirva el plato bien caliente.

12,5% vol.

Tortellini con champiñones

Ingredientes para 4 personas:

- *500 g de tortellini*
- *200 g de champiñones*
- *50 g de jamón cocido*
- *1/2 cebolla*
- *3 cucharadas de aceite*
- *1/4 l de nata líquida*
- *50 g de queso parmesano rallado*
- *nuez moscada*
- *sal*

En una olla, lleve a ebullición abundante agua salada.

Lave los champiñones bajo el chorro de agua y, después de haber desechado la parte inferior del tallo, trocéelos a lo largo.

Ponga al fuego una sartén con el aceite, el jamón y la cebolla finamente picados, y deje que se doren a fuego medio.

Agregue los champiñones, y cuézalos a fuego lento durante 20 minutos, sin añadir líquido alguno. Terminada la cocción, incorpore la mitad de la nata, y deje que se espese.

Mientras tanto, cueza en el agua hirviendo los tortellini y, cuando los haya escurrido, viértalos en la sartén con la salsa de champiñones, añadiendo el resto de la nata; remueva durante unos instantes, hasta que todos los ingredientes estén bien ligados, y espolvoree con el queso.

Condimente el plato con un poco de nuez moscada rallada, y sírvalo enseguida.

Si desea unos tortellini más sabrosos, puede cocerlos, en vez de en agua salada, en caldo de carne o de pollo.

Macarrones con salsa de cebollas

Ingredientes para 4 personas:

- *500 g de macarrones*
- *2 cebollas grandes*
- *2 cucharadas de aceite de oliva*
- *1 cucharada de tomate triturado*
- *1 pastilla de caldo*
- *2 hojas de albahaca fresca o 1/2 cucharadita de albahaca seca*
- *sal y pimienta*

Ponga al fuego una cacerola con agua salada para hervir la pasta; llévela a ebullición, vierta en ella los macarrones y, una vez cocidos, escúrralos bien.

Mientras tanto, pele las cebollas, córtelas en finas rodajas, y póngalas en una cacerola con el aceite. Sale ligeramente, y espolvoree con pimienta; dore a fuego lento, y remueva de vez en cuando con una cuchara de madera.

Añada el tomate, 1 tacita de agua caliente, la pastilla de caldo y las hojas de albahaca, tape la cacerola, y deje cocer hasta que las cebollas estén deshechas.

Condimente con esta salsa los macarrones, y sírvalos bien calientes.

Espaguetis a la carbonara

1

1. Ingredientes: espaguetis, panceta, aceite de oliva, ajo, huevos, queso parmesano rallado, sal y pimienta.
2. Ponga una cacerola al fuego con agua para cocer la pasta y, cuando rompa a hervir, vierta los espaguetis.
3. Corte la panceta en tiras, y póngala en una sartén con el diente de ajo y el aceite, dórelo y retire el ajo.

2

3

4

5

6

4. Bata los huevos en un cuenco con poca sal.

5. Escurra la pasta, póngala en la cazuela con la panceta, y añada la pimienta y la mitad del queso parmesano.

6. Vierta sobre los espaguetis los huevos batidos, espere a que formen una crema, sin dejar de remover, espolvoree con el restante queso parmesano, y remueva antes de servir.

Espaguetis a la carbonara

Ingredientes para 4 personas:

- *500 g de espaguetis*
- *100 g de panceta*
- *1 cucharada de aceite de oliva*
- *1 diente de ajo*
- *3 huevos*
- *150 g de queso parmesano rallado*
- *sal*
- *pimienta molida*

Ponga al fuego una olla con abundante agua caliente: llévela a ebullición, sale, y vierta en ella los espaguetis.

Corte la panceta en tiras, póngala en una sartén ancha con el ajo y el aceite, dórelo y retire el ajo.

En un cuenco, bata los huevos ligeramente salados.

Cuando la pasta esté cocida, escúrrala, y viértala en la sartén con la panceta, removiéndola con el condimento. Añada la pimienta molida y la mitad del queso parmesano rallado, y vuelva a remover. Agregue los huevos batidos, y mantenga el fuego al mínimo, sin dejar de remover, hasta que los huevos hayan formado una densa crema amarilla.

Espolvoree con el resto del queso parmesano rallado, y remueva antes de servir.

Lazos rusticanos

Ingredientes para 4 personas:

- *500 g de pasta en forma de lazas*
- *150 g de champiñones*
- *100 g de bacon*
- *4 cucharadas de aceite de oliva*
- *35 g de mantequilla*
- *1 guindilla roja*
- *100 g de queso parmesano rallado*
- *1/2 vaso de nata líquida*
- *sal y pimienta*

Lleve a ebullición en una olla abundante agua salada, para la cocción de la pasta.

Mientras tanto, prepare la salsa, que deberá estar lista al mismo tiempo que los lazos.

Lave bien los champiñones, y córtelos en rodajitas.

Corte en tiras el bacon, póngalo en una sartén grande con el aceite y la guindilla picada, y dórelo a fuego lento.

A continuación, añada los champiñones, salpimente, y fría a fuego vivo durante 5 minutos. Baje el fuego, y siga la cocción durante 15 minutos más.

Cueza la pasta y escúrrala; póngala en una fuente de servir, y espolvoréela con el queso parmesano rallado, removiendo bien para que el queso se funda. Agregue la restante mantequilla y la nata templada, vuelva a remover, y condimente con los champiñones y el bacon.

Sirva enseguida bien caliente.

Macarrones primavera

Ingredientes para 4 personas:

- *500 g de macarrones*
- *unas ramitas de perejil*
- *500 g de panceta*
- *1 cebolla*
- *1 zanahoria*
- *1 ramita de apio*
- *3 cucharadas de aceite*
- *50 g de mantequilla*
- *100 g de guisantes*
- *2 tomates*
- *1 calabacín*
- *100 g de champiñones*
- *1 cazo de caldo*
- *50 g de queso parmesano rallado*
- *sal y pimienta*

Corte la panceta en tiritas, pique el perejil, la cebolla, la zanahoria y el apio; ponga todos estos ingredientes en una sartén con el aceite y fríalos lentamente. Añada los guisantes, el tomate y el calabacín troceados, y las setas bien limpias y cortadas en láminas. Cueza a fuego lento hasta que espese, salpimente, rocíe con el caldo, y termine la cocción cuando hayan transcurrido 20 minutos.

Ponga a hervir en una olla abundante agua salada, cueza en ella la pasta, escúrrala y colóquela en una fuente de servir con la mantequilla troceada y el queso parmesano rallado.

Remueva con cuidado, condimente con la salsa hasta que todos los ingredientes hayan ligado bien entre sí, y sírvalo bien caliente.

Espaguetis de vigilia

Ingredientes para 4 personas:

- *500 g de espaguetis*
- *1/2 vaso de aceite de oliva*
- *150 g de atún en aceite*
- *6 filetes de anchoa*
- *unas hojitas de perejil*
- *4 hojas de albahaca fresca o 1/2 cucharadita de albahaca picada seca*
- *salvia*
- *sal*

Cueza los espaguetis en una cacerola con abundante agua salada.

Mientras tanto, ponga en una cacerola el aceite con el atún desmenuzado, los filetes de anchoa, el perejil, la albahaca y la salvia, y fríalo a fuego lento durante 15 minutos, aproximadamente.

Escurra la pasta, condiméntela con el sofrito, removiendo con cuidado, y sirva en el mismo recipiente de cocción.

Tallarines con verdura

Ingredientes para 4 personas:

- *500 g de tallarines*
- *3 l de caldo de pastilla*
- *3 patatas*
- *400 g de repollo*
- *70 g de mantequilla*
- *unas hojitas de salvia*
- *4 lonchas de queso emmenthal*
- *sal*

En primer lugar, pele las patatas, córtelas en rodajas finas, y póngalas al fuego en una cacerola grande, con 3 litros de caldo y el repollo cortado finamente.

Cuando las verduras estén casi cocidas, incorpore la pasta, hervida y escurrida, y rectifique la sazón.

En una fuente para horno, vierta la pasta y las verduras escurridas, formando capas; a continuación, rocíe cada capa con la mantequilla derretida, y cubra la última con la salvia y el queso.

Hornee durante 10 minutos, y sirva el plato enseguida.

Caracolas aromáticas

Ingredientes para 4 personas:

- *500 g de pasta en forma de caracolas*
- *1 cebolla*
- *1 diente de ajo*
- *1 zanahoria*
- *1 rama de apio*
- *6 cucharadas de aceite de oliva*
- *unas ramitas de albahaca*
- *unas ramitas de orégano*
- *1 vaso de vino blanco*
- *500 g de tomates pelados*
- *200 g de atún en aceite*
- *50 g de alcaparras*
- *unas ramitas de perejil*
- *unas ramitas de mejorana*
- *sal*

Pique finamente la cebolla, el ajo, la zanahoria y el apio, dorándolo todo en una cacerola de barro con el aceite. La cacerola deberá ser lo suficientemente grande como para contener toda la pasta.

Agregue la albahaca y el orégano bien picados, remueva mientras se doran, y rocíe con el vino blanco, dejando que se evapore lentamente. Añada entonces los tomates, escurridos y troceados, sale ligeramente, y déjelo cocer durante 35 minutos, removiendo a menudo.

Ponga al fuego una olla con abundante agua salada y llévela a ebullición.

Desmenuce el atún, y pique finamente las alcaparras, el perejil y la mejorana.

Cuando el agua haya empezado a hervir, vierta en ella las caracolas, cuézalas al dente, escúrralas e incorpórelas a la cacerola de barro con la salsa, agregando, por último, el atún y el perejil picado con la mejorana.

Remueva bien con una cuchara de madera, pase las caracolas, con todo su condimento, a una fuente, calentada previamente, y sirva inmediatamente.

Canelones del padrino

Ingredientes para 4 personas:

- *15 canelones al huevo*
- *500 g de carne de añojo asada*
- *300 g de queso manchego muy curado, rallado*
- *nuez moscada rallada*
- *100 g de piñones*
- *100 g de pasas de Corinto*
- *3 cucharadas de aceite*
- *70 g de mantequilla*
- *2 huevos*
- *sal*

Lleve a ebullición en una olla abundante agua salada, y cueza en ella los canelones, sumergiendo sólo unos pocos cada vez. Retírelos utilizando una espumadera, y coloque cada lámina sobre un paño limpio.

Prepare el relleno: pique la carne de añojo asada, y póngala en un cuenco; añada la mitad del queso rallado y una pizca de nuez moscada, los piñones y las pasas, que habrá dejado unos minutos en remojo en agua fría.

Caliente el aceite en una cazuela puesta al fuego, añada el preparado, y dórelo.

Deje enfriar el preparado para rellenar los canelones, ponga un poco de éste en el centro de cada hoja de pasta, y enrolle sobre sí mismos los canelones, procurando que queden bastante compactos.

Póngalos en una fuente de horno untada con mantequilla, rocíelos con el resto de la mantequilla derretida, distribuya sobre su superficie los huevos batidos utilizando un pincel, y hornee durante 15 minutos.

Sirva el plato bien caliente.

Macarrones con tomate y queso

Ingredientes para 4 personas:

- *500 g de macarrones pequeños*
- *4 tomates maduros*
- *unas hojitas de albahaca*
- *1/2 vaso de aceite de oliva*
- *200 g de queso fresco para untar*
- *sal*

Ponga al fuego una olla con abundante agua salada, para cocer la pasta.

Lave y seque los tomates, córtelos por la mitad, eliminando las semillas, desmenúcelos, y póngalos crudos en la fuente de servir, que habrá calentado previamente.

Lave las hojas de albahaca, escúrralas, píquelas, agréguelas a los tomates, sale y aliñe con el aceite y el queso, deshaciéndolo con el tenedor, y procurando que los ingredientes liguen bien entre sí.

Cueza la pasta, escúrrala, y viértala en la fuente con el condimento.

Sirva el plato enseguida, bien caliente.

Lazos con picadillo de cerdo

Ingredientes para 4 personas:

- *250 g de lazos pasta*
- *2 cucharadas de mantequilla*
- *1 cebolla mediana*
- *1 diente de ajo*
- *1 pimiento morrón*
- *2 cucharadas de harina*
- *1 1/2 vasos de tomate triturado*
- *400 g de magro de cerdo, picado*
- *1 cucharadita de hierbas aromáticas variadas, secas*
- *1 pastilla de caldo, desmenuzada*
- *la cáscara rallada de 1 naranja*
- *unas ramitas de perejil picado*
- *100 g de queso parmesano, rallado*
- *sal y pimienta*

Cueza los lazos en una cacerola con abundante agua salada y la mitad de la mantequilla, durante 20 minutos.

Mientras tanto, ponga una sartén al fuego con el resto de la mantequilla, deje que se derrita, y sofría en ella la cebolla, pelada y finamente picada; cuando hayan transcurrido 3 ó 4 minutos, añada el diente de ajo, pelado y picado finamente, y el pimiento morrón, escurrido del líquido de conserva y cortado en tiritas.

Cuando la cebolla esté transparente, incorpore la harina, el magro de cerdo, el tomate triturado, las hierbas aromáticas y la pastilla de caldo, remueva con una cuchara de madera todos los ingredientes, y cocine a fuego lento durante 10 ó 15 minutos, hasta que la carne esté en su punto, removiendo de vez en cuando. Añada la cáscara rallada de naranja y el perejil picado, y sazone con sal y pimienta.

Una vez que se hayan cocido los lazos, escúrralos, viértalos en una fuente de servir, incorpore la salsa, mézclela bien con la pasta, espolvoree la superficie del preparado con el queso parmesano rallado, y sirva enseguida.

Espaguetis con gambas

Ingredientes para 4 personas:

- *500 g de espaguetis*
- *2 dientes de ajo*
- *unas ramitas de perejil*
- *5 cucharadas de aceite de oliva*
- *350 g de gambas peladas, congeladas*
- *1/2 vaso de vino blanco*
- *5 tomates pelados*
- *sal y pimienta*

Pique el ajo y el perejil, y póngalos al fuego en una cazuela con el aceite. Cuando estén dorados, añada las gambas, descongeladas, salpimente, y deje cocer a fuego vivo durante 5 minutos. Rocíe con el vino blanco y, cuando se haya evaporado, añada los tomates. Continúe la cocción durante 10 minutos más.

Mientras tanto, cueza la pasta en abundante agua salada, y escúrrala. Condimente los espaguetis con la salsa, y sírvalos.

Macarrones a los cuatro quesos

1

2

3

1. Ingredientes: macarrones, mozzarella, queso manchego tierno, queso de Mahón, queso parmesano rallado, mantequilla, nata y sal.
2. Corte los tres tipos de queso en taquitos.
3. Derrita la mantequilla en una cacerola.
4. Añada la pasta cocida al dente.
5. Agregue los quesos cortados y el parmesano.
6. Mézclelo bien y vierta la nata.
7. Remuévalo, hasta obtener unos macarrones con una crema uniforme.

4

5

6

7

Macarrones a los cuatro quesos

Ingredientes para 4 personas:

- *500 g de macarrones*
- *250 g de mozzarella*
- *70 g de queso manchego tierno*
- *70 g de queso de Mahón*
- *50 g de queso parmesano rallado*
- *100 g de mantequilla*
- *1/4 l de nata líquida*
- *sal*

Cueza la pasta en agua salada, escúrrala, y pásela por agua fría.

Ponga al fuego una cacerola con la mantequilla; cuando se derrita, añada la pasta, remueva, y agregue los quesos cortados en taquitos, y el parmesano. Remueva, incorpore la nata caliente sin llegar a hervir, y deje que el queso se derrita, obteniendo unos macarrones con una crema uniforme.

Sirva el plato muy caliente.

Tallarines con setas

Ingredientes para 4 personas:

- *400 g de tallarines*
- *400 g de setas*
- *vinagre*
- *2 dientes de ajo*
- *1 chalota*
- *1/2 vaso de aceite de oliva*
- *4 filetes de anchoa*
- *400 g de tomates*
- *guindilla roja*
- *unas ramitas de tomillo*
- *50 g de parmesano rallado*
- *sal*
- *pimienta*

Limpie las setas eliminando la parte más dura del tallo, lávelas en agua y vinagre, séquelas, y póngalas en una cacerola, cociendo a fuego vivo durante 5 minutos, para que pierdan todo el líquido que sueltan. Retírelas del fuego, y tire el líquido de cocción.

Pele y pique el ajo y la chalota, cocinándolos en una cazuela con el aceite hasta que se doren. Añada los filetes de anchoa, y aplástelos con un tenedor.

A continuación, agregue las setas partidas por la mitad, y dórelas.

Escalde los tomates en agua hirviendo, escúrralos, pélelos, pártalos por la mitad, elimine las semillas y trocéelos; viértalos en la cazuela junto con la guindilla. Salpimente, y cueza durante 25 ó 30 minutos, removiendo de vez en cuando.

Pique el tomillo, y añádalo a la salsa.

Cueza la pasta, escúrrala, póngala en una fuente, y condimente con la salsa preparada y el queso parmesano rallado. Remueva con cuidado, y sirva enseguida.

Pasta fresca a la sardinera

Ingredientes para 4 personas:

- *250 g de tallarines*
- *2 latas de sardinillas en aceite*
- *2 dientes de ajo*
- *guindilla seca*
- *5 cucharadas de aceite de oliva virgen*
- *1 cucharada de perejil picado*
- *1 cucharada de vinagre de jerez*
- *sal*
- *pimienta negra*

Ponga una olla con abundante agua y sal al fuego; cuando hierva, eche la pasta y deje que cueza a fuego vivo. Cuando esté lista, escúrrala y pásela por agua fría.

Entre tanto, saltee los dientes de ajo triturados, con unas briznas de guindilla en el aceite de oliva, sin dejar que se doren.

Añada las sardinillas con su jugo y saltee con mucho cuidado para no romperlas.

Salpimente con prudencia, porque las sardinas ya tienen sal, y añada la pasta cocida.

Espolvoree con el perejil picado y rocíe con el vinagre. Remueva y sirva inmediatamente.

Timbal de macarrones con trufa

Ingredientes para 4 personas:

- *400 g de macarrones*
- *2 pechugas de pollo*
- *1 cucharada de aceite*
- *100 g de mantequilla*
- *2 cucharadas de harina*
- *1/2 l de leche*
- *100 g de jamón serrano*
- *1 trufa*
- *3 yemas de huevo*
- *150 g de nata*
- *50 g de queso parmesano rallado*
- *sal*
- *pimienta*

Caliente el aceite en una sartén, dore las pechugas, rocíelas con un cacito de agua y prosiga la cocción unos 15 minutos.

Mientras tanto, prepare la bechamel en otra sartén, diluyendo la harina en 50 g de mantequilla; sin dejar de remover, añada la leche, salpimente y cueza durante 10 minutos.

Trocee el jamón y la trufa bien limpia.

Cueza la pasta en abundante agua salada, y escúrrala.

Pique las pechugas de pollo cocidas, y escurridas del líquido de cocción.

Añada a la bechamel, el jamón, las yemas de huevo, el pollo picado, la trufa, la nata y el queso parmesano rallado.

Condimente la pasta con la salsa preparada, y remueva con cuidado.

A continuación, vierta la pasta en una fuente para horno untada con mantequilla, y distribuya sobre ella unos rizos de mantequilla.

Hornee a 180 grados durante 20 minutos, y sírvalo bien caliente.

NON P
CAVA 75cl.

Ñoquis verdes

Ingredientes para 4 personas:

- *300 g de harina*
- *800 g de espinacas*
- *300 g de tomate triturado*
- *nuez moscada*
- *200 g de requesón*
- *2 huevos*
- *2 cucharadas de mantequilla*
- *sal y pimienta*

Limpie con cuidado las espinacas, lávelas varias veces, y cuézalas con 2 ó 3 cucharadas de sal, sin añadir nada de agua; escúrralas bien y píquelas.

Ponga una cacerola al fuego, vierta el tomate, una pizca de nuez moscada, sal y pimienta, y deje que se espese.

Mientras tanto, en una olla, lleve a ebullición abundante agua salada, para cocer los ñoquis.

Ponga las espinacas en un cuenco, agregue el requesón tamizado, y remueva muy bien. Añada los huevos y la mitad de la harina, coloque el preparado sobre la tabla de trabajo, y amáselo con las manos, agregando poco a poco la restante harina.

Cuando la masa esté bien homogénea, déle forma de salchichas, de un dedo de espesor, y corte éstas en trozos de 2 centímetros, aproximadamente.

Vierta los ñoquis así obtenidos en el agua hirviendo, y retírelos con una espumadera cuando suban a la superficie. Póngalos en una fuente de servir con el tomate y la mantequilla, remueva bien, y sirva enseguida.

Espaguetis con bacon

Ingredientes para 4 personas:

- *500 g de espaguetis*
- *1 cucharada de aceite de oliva*
- *150 g de bacon*
- *3 yemas de huevo*
- *100 g de queso parmesano rallado*
- *50 g de mantequilla*
- *sal*
- *1 cucharadita de pimienta molida*

Cueza los espaguetis al dente, en una cacerola con abundante agua salada, y escúrralos reservando 3 ó 4 cucharadas del líquido de cocción.

En una cazuela, ponga el aceite con el bacon cortado en taquitos, y dórelo a fuego lento.

Bata las yemas de huevo con la mitad del queso parmesano rallado, una pizca de sal y la pimienta molida.

En una sartén, dore la mantequilla, vierta en ella los espaguetis con el líquido de cocción reservado y el bacon; remuévalo, retire el recipiente del fuego, y agregue a los espaguetis las yemas batidas, removiendo rápidamente, hasta que formen una crema densa.

Espolvoree con el queso restante, y sirva bien caliente.

Macarrones a la nizarda

Ingredientes para 4 personas:

- *500 g de macarrones*
- *500 g de tomates pelados*
- *5 cucharadas de aceite de oliva*
- *1 diente de ajo*
- *2 filetes de anchoa*
- *100 g de aceitunas negras*
- *1 pizca de orégano*
- *1 trozo de guindilla roja*
- *unas ramitas de albahaca fresca*
- *50 g de queso parmesano rallado*
- *sal y pimienta*

Ponga en una cazuela con aceite los dientes de ajo, dórelos, y añada los filetes de anchoa, deshaciéndolos con un tenedor.

Vierta en la cazuela los tomates, las aceitunas deshuesadas, una pizca de orégano y la guindilla picada; salpimente, y cueza hasta que espese, a fuego moderado, durante 20 minutos.

Hierva la pasta en una cacerola con abundante agua salada, escúrrala, viértala en una fuente, y condiméntela con la salsa, a la que habrá añadido la albahaca picada. Si lo desea puede espolvorear con el queso parmesano.

Sírvalos enseguida, bien calientes.

Lazos a las finas hierbas

Ingredientes para 4 personas:

- *500 g de pasta en forma de lazos*
- *1 kg de tomates pelados*
- *2 dientes de ajo*
- *1 cebolla*
- *4 cucharadas de aceite de oliva*
- *unas ramitas de albahaca fresca*
- *unas ramitas de perifollo fresco*
- *unas ramitas de perejil*
- *unas ramitas de orégano*
- *50 g de queso parmesano rallado*
- *sal y pimienta*

Pele los ajos y la cebolla, píquelos finamente, y póngalos al fuego en una cacerola con el aceite, dorándolos ligeramente.

Limpie, lave y escurra la albahaca, el perifollo y el perejil: píquelos, y agréguelos al sofrito, manteniendo el fuego al mínimo. A continuación, añada los tomates, salpimente, remuévalo con una cuchara de madera, tape el recipiente, y siga cociéndolo durante 30 minutos.

Cueza la pasta en abundante agua salada hirviendo, escúrrala, y condiméntela con la salsa preparada, espolvoreando con el queso parmesano. Sirva el plato bien caliente.

Tallarines con apio

Ingredientes para 4 personas:

- *500 g de tallarines*
- *500 g de tomates pelados*
- *1 vaso de aceite de oliva*
- *1 cucharada de albahaca fresca picada*
- *1 manojo de apio blanco*
- *el zumo de 1 limón*
- *1 cucharada de harina*
- *sal y pimienta*

Caliente el aceite en una sartén, ponga los tomates y la albahaca, salpimente, y sofríalos durante 20 minutos, removiendo de vez en cuando.

Separe las ramas de apio, desechando las hebras, lávelas, y córtelas a lo largo en tiras finas. Cuézalas durante 15 minutos en una cacerola con 3 litros de agua salada hirviendo, con el zumo de limón y la harina, para que el apio no se ponga amarillo, y retírelas con la espumadera, escurriéndolas bien.

Hierva la pasta al dente en el líquido de cocción del apio, y escúrrala.

Ponga el apio y la pasta en la sartén con la salsa de tomate, y caliéntelo a fuego vivo durante 1 minuto, removiendo rápidamente.

Por último, retírelo del fuego, y sírvalo bien caliente.

Caracolas con menudillos de conejo

Ingredientes para 4 personas:

- *500 g de caracolas de pasta*
- *1 ramita de apio*
- *1 zanahoria*
- *1 cebolla*
- *unas ramitas de perejil*
- *unas ramitas de albahaca fresca o 1 cucharadita de albahaca seca*
- *1 diente de ajo*
- *50 g de panceta*
- *3 cucharadas de aceite*
- *500 g de tomates pelados*
- *250 g de menudillos de conejo*
- *50 g de queso parmesano rallado*
- *sal y pimienta*

En primer lugar, pique el apio, la zanahoria, la cebolla, el perejil, la albahaca, el ajo y la panceta. Dórelos en el aceite y, a continuación, añada los tomates pelados, salpimente, y cueza durante 30 minutos, removiendo a menudo con una cuchara de madera.

Limpie los menudillos, trocéelos y, transcurridos los 30 minutos, aproximadamente, agréguelos a la salsa.

Siga la cocción durante 1 hora, removiendo de vez en cuando.

Cueza la pasta en abundante agua salada hirviendo, escúrrala, viértala en una fuente de servir, y condiméntela con la salsa de conejo y el queso parmesano rallado. Remueva bien, y sirva enseguida.

Espaguetis con piñones a la albahaca

1

2

3

4

5

6

1. Ingredientes: espaguetis, ajo, albahaca, piñones, queso parmesano, aceite, sal y pimienta.
2. Separe las hojas de albahaca, lávelas y séquelas.
3. Póngalas en un mortero, con el ajo y los piñones.
4. Machaque bien los ingredientes.
5. Condimente con la mitad del aceite.
6. Añada el queso parmesano rallado, el resto del aceite, sazone con sal y pimienta, y vierta este preparado sobre los espaguetis.

Espaguetis con piñones a la albahaca

Ingredientes para 4 personas:

- *500 g de espaguetis*
- *100 g de albahaca fresca o 3 cucharadas de albahaca seca*
- *2 dientes de ajo*
- *50 g de piñones*
- *1 vaso de aceite de oliva*
- *135 g de queso parmesano rallado*
- *2 cucharadas de mantequilla*
- *sal*
- *pimienta*

Separe de su tallo las hojas de albahaca, lávelas bien, séquelas y póngalas en un mortero.

Añada los dientes de ajo pelados y los piñones, agregue un poco de aceite, y machaque los ingredientes hasta formar una pasta.

Ponga el preparado en un cuenco, junto con la mitad del aceite restante, mezcle bien, incorpore 100 g de queso parmesano y, a continuación, la otra mitad del aceite. Sazone ligeramente con sal y pimienta, y remuévalo bien.

Cueza la pasta al dente, escúrrala, póngala en un cuenco con la mantequilla, y remuévala hasta que ésta se haya derretido por completo. Añádale la salsa, remuévalo, y espolvoree con el resto del queso parmesano rallado.

Sirva los espaguetis enseguida.

Tallarines con huevo y calabacines

Ingredientes para 4 personas:

- *500 g de tallarines*
- *1 cebolla*
- *1 diente de ajo*
- *1/2 vaso de aceite de oliva*
- *6 calabacines pequeños*
- *unas ramitas de perejil*
- *1 yema de huevo*
- *30 g de mantequilla*
- *50 g de queso parmesano rallado*
- *sal*
- *pimienta*

En una cacerola, dore la cebolla y el ajo picados, con el aceite; añada los calabacines cortados en rodajas, y fríalos, cubiertos con una tapa, a fuego lento durante 40 minutos, aproximadamente. Cuando la cocción esté a punto de terminar, salpimente, y espolvoree con el perejil picado.

A continuación, cueza la pasta en una cacerola con abundante agua salada hirviendo, escúrrala bien, viértala en una fuente de servir, y rocíela con la mantequilla derretida; incorpore la yema de huevo, removiendo rápidamente con una cuchara de madera, y agregue los calabacines sin dejar de remover.

Espolvoree el plato con el queso parmesano, y sírvalo bien caliente.

Macarrones Lucrecia

Ingredientes para 4 personas:

- *500 g de macarrones*
- *2 cebollas pequeñas*
- *1/2 vaso de aceite de oliva*
- *1 kg de habas*
- *1/4 l de caldo*
- *2 cucharadas de mantequilla*
- *50 g de queso parmesano rallado*
- *sal y pimienta*

Prepare las habas, sacándolas de la vaina y pelándolas.

Pique las cebollas, y póngalas en una cacerola con el aceite caliente. Añada las habas, y fríalas 5 minutos, removiendo bien. Rocíe con el caldo caliente, salpimente, y siga la cocción durante 40 minutos, a fuego lento, con el recipiente tapado, agregando más caldo si es preciso.

Cueza la pasta en agua salada, escúrrala, póngala en una fuente, y condiméntela con la salsa con habas, la mantequilla y el queso parmesano, y remueva bien antes de servir.

Espaguetis a la griega

Ingredientes para 4 personas:

- *320 g de espaguetis*
- *1/2 cebolla*
- *1 diente de ajo*
- *4 filetes de anchoa*
- *500 g de tomates*
- *100 g de aceitunas negras*
- *30 g de alcaparras*
- *1/2 vaso de aceite de oliva*
- *1 cucharada de albahaca picada*
- *sal y pimienta negra*

Ponga al fuego una olla con agua salada, para cocer la pasta.

Pique finamente la cebolla y el ajo y viértalos en un cuenco, añadiendo los filetes de anchoa.

Escalde los tomates en agua hirviendo, pélelos, trocéelos, e incorpórelos al cuenco con la cebolla, el ajo y las anchoas.

Deshuese las aceitunas y añádalas junto con las alcaparras, a los demás ingredientes; remueva bien, y rocíe con la mitad del aceite.

Ponga la mitad del condimento preparado en una fuente de servir previamente calentada, y reserve la otra mitad. Vierta en ella los espaguetis, que habrá hervido y escurrido con anterioridad.

Recubra los espaguetis con el resto de la salsa reservada, espolvoree con la albahaca e incorpore el resto del aceite y abundante pimienta; remueva bien, y sírvalo enseguida.

En la receta original griega, junto con la albahaca picada, se añaden también 5 dientes de ajo finamente picados.

Espaguetis con carne

Ingredientes para 4 personas:

- *125 g de espaguetis*
- *100 g de carne magra de ternera, picada*
- *100 g de puré de tomate natural*
- *25 g de margarina vegetal*
- *50 g de queso parmesano rallado*
- *un poco de sazonador italiano*
- *un chorrito de aceite*
- *sal y pimienta*

Caliente la margarina en una sartén y sofría en ella la carne picada durante unos minutos.

Incorpore a la sartén el tomate, eche un poco de sazonador italiano y salpimente. Deje que cueza a fuego muy suave.

Mientras tanto, ponga agua a calentar para cocer los espaguetis (a razón de 1 l de agua y media cucharadita de sal por cada 100 g de pasta), añadiendo un chorrito de aceite para evitar que la pasta se pegue.

Cuando la salsa de la sartén lleve ya cociendo 10 minutos, eche los espagueti en el agua hirviendo y cuézalos a fuego vivo hasta que se hagan "al dente".

Una vez cocidos, escurra los espaguetis, páselos bajo el agua fría del grifo y deje escurrir bien, mézclelos con la salsa de carne y caliéntelos 1 minuto en el microondas.

Sirva inmediatamente, acompañado de queso de Parma rallado aparte, para que cada comensal se sirva a su gusto.

Ñoquis con setas

Ingredientes para 4 personas:

- *400 g de ñoquis*
- *2 cucharadas de aceite*
- *200 g de setas*
- *1 taza de tomate triturado*
- *unas ramitas de perejil*
- *sal y pimienta*

Hierva la pasta en una olla con abundante agua salada.

A continuación, limpie las setas con cuidado, trocéelas con un cuchillo afilado, póngalas en una cazuela con el aceite, y fríalas a fuego lento durante 15 minutos, aproximadamente.

Agregue el tomate triturado, salpimente, y deje espesar la salsa.

Escurra la pasta, viértala en una fuente de servir, y condiméntela con la salsa de setas y el perejil picado.

Sirva los ñoquis bien calientes.

Lazos bicolores

Ingredientes para 4 personas:

- *500 g de lazos de pasta*
- *350 g de tomates maduros (o 200 g de tomates triturados)*
- *3 cucharadas de aceite*
- *100 g de guisantes*
- *1 pimiento rojo*
- *75 g de jamón cocido, en 1 loncha*
- *sal*
- *pimienta*

En una cacerola, lleve a ebullición abundante agua salada, para la cocción de la pasta.

Mientras tanto, prepare la salsa. Si utiliza tomates frescos, escáldelos durante unos minutos, ábralos, elimine sus semillas y trocéelos.

Caliente el aceite en una sartén y agréguele los tomates troceados o triturados; salpimente, y deje cocer a fuego lento durante 15 minutos. Pasado este tiempo, incorpore los guisantes, el pimiento y el jamón cortados en finas tiras. Deje cocer durante otros 10 minutos, siempre a fuego lento, y si la salsa se espesa demasiado, añada un poco de agua caliente.

Ajuste de sal en el último momento.

Cueza la pasta de forma que esté lista a la vez que termina la cocción de la salsa; escúrrala y póngala en la fuente de servir, condimentándola con la salsa bicolor.

Sírvala enseguida muy caliente.

Macarrones al gruyère

Ingredientes para 4 personas:

- *320 g de macarrones*
- *120 g de queso gruyère*
- *20 g de mantequilla o margarina*
- *80 g de leche descremada*
- *sal*

Ponga al fuego una olla con agua salada y, en cuanto rompa a hervir, introduzca en ella la pasta, y cuézala al dente.

Escurra la pasta, y vierta una capa de ésta en una fuente de horno. Cúbrala con el queso gruyère, cortado en lonchitas, y con rizos de mantequilla, y siga así, formando capas, hasta terminar con los ingredientes. En la última capa, procure terminar con el queso.

Vierta en la fuente la leche, rellenándola desde el borde, para que el líquido se vaya al fondo sin mojar la superficie de la pasta.

Hornee a 250 grados durante 20 minutos: la leche deberá ser absorbida por completo por la pasta.

Sirva los macarrones muy calientes en la misma fuente.

Espaguetis del mar

Ingredientes para 4 personas:

- *500 g de espaguetis*
- *500 g de chirlas*
- *1 vaso de vino blanco*
- *2 dientes de ajo*
- *4 cucharadas de aceite de oliva*
- *1 trozo de guindilla roja*
- *1/2 cucharadita de orégano en polvo*
- *200 g de calamares*
- *250 g de colas de cigalas*
- *1 lata de tomates pelados*
- *1 cucharada de perejil picado*
- *sal y pimienta*

Limpie las chirlas bajo el chorro de agua fría, póngalas en una cacerola, rocíelas con el vino blanco, añada 1 diente de ajo picado, y cocínelas a fuego vivo, hasta que se abran las conchas. Retire del fuego, deseche las conchas de las dos terceras partes de las chirlas, y resérvelas. Filtre el caldo de cocción, y resérvelo.

Ponga en una sartén, a fuego muy lento, el otro diente de ajo picado, con una pizca de sal, el aceite, la guindilla picada y el orégano. Agregue los calamares, bien limpios y cortados en tiras finas, las cigalas, lavadas y partidas por la mitad, y las chirlas reservadas sin concha.

Cuézalo durante 5 minutos, y rocíe con el caldo de cocción de los moluscos reservado. Siga la cocción hasta que se evaporen las dos terceras partes del líquido y añada los tomates y el perejil picado. Salpimente, y deje que se espese a fuego lento.

Hierva la pasta al dente, escúrrala, y póngala en una fuente de servir.

Condiméntela con la salsa, a la que habrá añadido, antes de retirarla del fuego, las chirlas reservadas con la concha. Rectifique de sal, y remuévalo bien antes de servir.

Ñoquis con trufa

Ingredientes para 4 personas:

- *500 g de ñoquis*
- *100 g de queso emmenthal*
- *50 g de mantequilla*
- *1 trufa, cortada en rodajitas*

Hierva la pasta al dente, y escúrrala. Póngala en una fuente, con el queso cortado en taquitos.

Derrita la mantequilla en una sartén a fuego mínimo y rocíe la pasta con la mantequilla derretida. Remuévala hasta que el queso se funda, distribuya sobre la superficie las rodajitas de trufa, y sirva caliente.

Macarrones con fiambres

1

2

3

4

5

1. Ingredientes: macarrones, paletilla de cerdo cocida, mortadela, panceta, salami, salvia, mantequilla, queso parmesano y sal.
2. Ponga el fiambre sobre la mesa de trabajo, y corte en taquitos la paletilla y la mortadela.
3. Repita esta operación con la panceta y el salami.

6

7

8

9

4. Ponga al fuego una olla con abundante agua salada, y cueza la pasta al dente.

5. Antes de que la pasta esté cocida, caliente el aceite en una sartén grande, y añada la salvia.

6. A continuación, incorpore a la sartén el fiambre cortado en taquitos, dejando que se dore durante 3 ó 4 minutos a fuego vivo.

7. Cuando la pasta esté cocida, escúrrala, y viértala en la sartén.

8. Espolvoree con el queso parmesano rallado, antes de remover el preparado.

9. Por último, mezcle bien todos los ingredientes, cocine a fuego vivo durante 2 minutos, y sirva bien caliente.

Macarrones con fiambres

Ingredientes para 4 personas:

- *500 g de macarrones*
- *50 g de paletilla de cerdo cocida en una loncha*
- *70 g de mortadela en una loncha*
- *50 g de panceta*
- *2 lonchas de salami de 40 g cada una*
- *6 cucharadas de aceite*
- *unas hojitas de salvia*
- *50 g de queso parmesano rallado*
- *sal*

Corte en taquitos todos los fiambres.

Ponga al fuego una olla con agua salada, cueza en ella la pasta al dente, y escúrrala.

Mientras que la pasta se cuece, prepare el condimento: caliente el aceite en una sartén que sea lo suficientemente grande como para contener los macarrones; a continuación, añada la salvia y todos los fiambres, dejando que se doren durante 3 ó 4 minutos, aproximadamente, a fuego vivo.

Agregue la pasta escurrida y, antes de remover, espolvoree con el queso parmesano rallado. Mezcle todo bien, y déjelo cocer durante 2 minutos a fuego vivo.

Si lo desea, puede condimentarlo con pimienta molida.

Sirva el plato bien caliente.

Espaguetis a la tiberiana

Ingredientes para 4 personas:

- *500 g de espaguetis*
- *1/2 cebolla*
- *1 diente de ajo*
- *unas ramitas de perejil*
- *2 hojas de albahaca o una pizca de albahaca en polvo*
- *4 cucharadas de aceite de oliva*
- *1/2 vaso de vino blanco*
- *2 cucharadas de tomate frito*
- *1 trufa*
- *50 g de queso parmesano rallado*
- *sal y pimienta*

Ponga al fuego una olla para hervir la pasta, con abundante agua salada.

Pique la cebolla, el ajo, el perejil y la albahaca, sazone con sal y pimienta, y dore todo en una sartén con el aceite a fuego vivo. Rocíe con el vino y, cuando se haya evaporado, añada el tomate diluido con un cacito de agua.

A continuación, agregue la mitad de la trufa, cortada en finas rodajas; tape la sartén y cuézalo hasta que esté lista la pasta.

Cueza y escurra los espaguetis, póngalos en una fuente de servir, condiméntelos con la salsa caliente, y distribuya sobre ellos la trufa restante y el queso parmesano rallado.

Conchas al azafrán

Ingredientes para 4 personas:

- *500 g de conchitas de pasta*
- *2 cucharadas de aceite*
- *100 g de jamón cocido*
- *1/4 l de nata líquida*
- *unas hebras de azafrán*
- *2 yemas de huevo*
- *50 g de queso parmesano rallado*
- *unas ramitas de perejil*
- *sal y pimienta*

Ponga al fuego una olla con abundante agua y, cuando ésta rompa a hervir, sálela, incorpore la pasta y cuézala al dente.

En una sartén grande, vierta el aceite, y dore el jamón picado. A continuación, agregue la nata, en la que habrá disuelto el azafrán; déjela espesar, y salpimente ligeramente.

Escurra la pasta, viértala en la sartén, remueva con cuidado, y retírela del fuego; incorpore las yemas, el queso y el perejil picado, y remuévala. Sírvala enseguida.

Tallarines verdes a la boloñesa

Ingredientes para 4 personas:

- *500 g de tallarines verdes*
- *1 rama de apio*
- *1 zanahoria pequeña*
- *1 cebolla*
- *50 g de panceta*
- *2 cucharadas de aceite*
- *150 g de carne picada de añojo*
- *1 vaso de vino blanco*
- *2 cucharadas de tomate frito*
- *1 vaso de agua*
- *50 g de queso parmesano rallado*
- *sal y pimienta*

Pique el apio, la zanahoria, la cebolla y la panceta; dórelos a fuego lento en una cacerola de barro con el aceite y agregue la carne picada, removiendo rápidamente con una cuchara de madera.

Cuando la carne esté bien dorada, rocíe con el vino blanco, y deje que éste se evapore lentamente.

Diluya el tomate frito en el agua caliente, viértalo en la sartén, salpimente, y cueza durante 2 horas, removiendo de vez en cuando, y añadiendo más agua caliente si es necesario.

A continuación, cueza la pasta en agua salada hirviendo, escúrrala, y póngala en una fuente de servir.

Condimente con la salsa boloñesa, espolvoree con el queso parmesano rallado, remueva bien, y sirva enseguida.

Espaguetis con pimientos

Ingredientes para 4 personas:

- *500 g de espaguetis*
- *700 g de pimientos verdes y rojos*
- *4 cucharadas de aceite de oliva*
- *50 g de queso parmesano rallado*
- *sal*

Lave y seque los pimientos, pártalos por la mitad, y deseche las hebras blancas y las semillas. Trocéelos en tiras finas, y viértalos en una sartén, en la que habrá calentado previamente el aceite. Deje que se doren, removiendo a menudo; baje el fuego, añada sal y deje cocer hasta que estén tiernos. Si fuera necesario, agregue unas cucharadas de agua.

Mientras tanto, lleve a ebullición, en una cacerola grande, abundante agua salada. Vierta en ella los espaguetis, cuézalos al dente, y escúrralos bien.

Vierta la pasta en la fuente de servir, condiméntela con los pimientos y su salsa, espolvoree con el queso parmesano rallado, y sirva inmediatamente.

Conchas gitanas

Ingredientes para 4 personas:

- *400 g de conchas de pasta*
- *200 g de champiñones*
- *el zumo de 1 limón*
- *100 g de cebollas pequeñas*
- *4 cucharadas de aceite de oliva*
- *unas ramitas de albahaca o 1 cucharadita de albahaca seca*
- *unas hojas de hierbabuena*
- *3 hojas de laurel*
- *500 g de tomates*
- *100 g de queso emmenthal*
- *sal*
- *pimienta*

Lave los champiñones bajo el chorro de agua, córtelos en rodajas, y póngalos en remojo en agua con el zumo de limón. Limpie las cebollas, córtelas en aros, y dórelas con el aceite en una sartén. Añada los champiñones bien escurridos, y siga la cocción a fuego vivo durante 10 minutos, hasta que gran parte de su líquido se haya evaporado.

Mientras tanto, pique la albahaca, la hierbabuena y el laurel; escalde los tomates en agua hirviendo, escúrralos, pélelos, pártalos por la mitad, elimine las semillas, y trocéelos; agregue todos los ingredientes a los champiñones, salpimente, remueva, y cueza durante 20 minutos.

Hierva la pasta en agua salada, escúrrala, y póngala en una fuente de servir, añadiendo la salsa y el queso emmenthal rallado.

Remueva con cuidado antes de servir.

SELEZION
1973
AGRICOLA
CAVALCHINA
ARDOLINO

Fettuccini con caviar al cava

Ingredientes para 4 personas:

- *500 g de fettuccini*
- *1 cebolla grande*
- *8 cucharadas de aceite de oliva*
- *1/2 vaso de cava o vino blanco*
- *1/2 vaso de nata líquida*
- *1 tarro de 50 g de sucedáneo de caviar*
- *sal*

En primer lugar, ponga a hervir abundante agua salada en una cacerola, para la cocción de la pasta.

Mientras tanto, pele y pique finamente la cebolla, y dórela en una sartén con el aceite.

A continuación, rocíe con el cava o el vino, según prefiera, y déjelo cocer con la sartén tapada, durante 3 ó 4 minutos.

Cueza los fettuccini en el agua salada, escúrralos y añádalos a la salsa, junto con la nata y el caviar. Remuévalo varias veces, cuando la sartén esté todavía al fuego. A continuación, retírelo del fuego y viértalo en una fuente de servir, previamente calentada.

Sírvalo enseguida muy caliente.

Espaguetis del padrone

Ingredientes para 4 personas:

- *500 g de espaguetis*
- *50 g de bacon*
- *50 g de panceta*
- *1 cebolla*
- *4 cucharadas de aceite de oliva*
- *1 trozo de guindilla roja*
- *500 g de tomates pelados*
- *60 g de queso parmesano rallado*
- *sal y pimienta*

Ponga al fuego una olla con abundante agua salada, para la cocción de la pasta.

Mientras espera que el agua rompa a hervir, ponga en una cacerola grande el bacon y la panceta, cortados en finas tiras, la cebolla y la guindilla muy picadas y el aceite. Dórelo a fuego medio durante 10 minutos.

A continuación, agregue los tomates pelados, aplastándolos con un tenedor, salpimente en abundancia, y déjelo cocer hasta que espese.

Cueza los espaguetis y escúrralos; viértalos en la cacerola con la salsa, y remueva muy bien. Espolvoree con el queso parmesano rallado, y vuelva a remover.

Traslade los espaguetis a la fuente de servir y, si lo desea, espolvoree con pimienta.

Sirva el plato enseguida, bien caliente.

Tallarines a la crema con guisantes

Ingredientes para 4 personas:

- *500 g de tallarines*
- *100 g de jamón cocido, en 2 lonchas*
- *500 g de guisantes frescos o 200 g de lata*
- *3 cucharadas de aceite*
- *50 g de mantequilla*
- *1 diente de ajo*
- *100 g de queso cremoso*
- *35 g de queso parmesano rallado*
- *sal y pimienta*

Ponga al fuego una cazuela con el aceite y el diente de ajo, a fuego lento; derrita en ella el queso cremoso, sin dejar de remover, hasta obtener una crema homogénea. Añada los guisantes y el jamón, cortado en tiras; salpimente, y déjelo cocer durante 10 minutos, removiendo hasta que los guisantes estén tiernos.

Mientras tanto, cueza la pasta al dente, escúrrala, y condiméntela con la mantequilla y la crema con guisantes. Espolvoree con el queso parmesano, y sírvalo bien caliente.

Macarrones con jamón

Ingredientes para 4 personas:

- *500 g de macarrones pequeños*
- *100 g de jamón cocido*
- *1/2 vaso de aceite*
- *salvia*
- *150 g de queso parmesano rallado*
- *sal y pimienta*

Ponga al fuego una olla grande con agua salada; cuando rompa a hervir, vierta los macarrones, y cuézalos.

Mientras tanto, corte en taquitos el jamón, y dórelo en una sartén con el aceite. Añada la salvia, en hojas o en polvo, y salpimente en abundancia. Dórelo durante 5 minutos, a fuego muy lento, procurando que el jamón no se quede demasiado seco.

Escurra la pasta, viértala en una fuente precalentada, condimentándola con la salsa y el queso parmesano rallado, y sírvalo.

Procure que la pasta y la salsa estén preparadas al mismo tiempo.

Espaguetis Shanghai

1

2

3

4

5

6

7

1. Ingredientes: espaguetis, mantequilla, pimientos rojo y verde, zanahoria, calabacín, judías verdes o guisantes en su vaina, cebolletas, gambas, caldo de pastilla, salsa de soja, perejil, sal y pimienta.
2. En una cazuela con agua salada y mantequilla, cueza los espaguetis.
3. Ponga una sartén a fuego vivo con el resto de la mantequilla, los pimientos lavados, sin tallo ni semillas, la zanahoria raspada, el calabacín pelado, las judías verdes, sin hebras y despuntadas, y las cebolletas peladas, todo picado en juliana, y deje cocer durante 15 minutos.
4. Mientras tanto, pele las gambas.
5. Incorpórelas al preparado.
6. Agregue el caldo de pastilla y la salsa de soja, sazone con sal y pimienta al gusto, y póngalo a fuego medio durante 5 minutos.
7. Añada los espaguetis, y saltee todo junto durante unos minutos.

Espaguetis Shanghai

Ingredientes para 4 personas:

- *250 g de espaguetis*
- *4 cucharadas de mantequilla*
- *1/2 pimiento rojo*
- *1 pimiento verde*
- *1 zanahoria*
- *1 calabacín pequeño*
- *100 g de judías verdes o guisantes en su vaina*
- *2 cebolletas*
- *250 g de gambas*
- *1 vasito de caldo de pastilla*
- *2 cucharadas de salsa de soja*
- *unas ramitas de perejil picado*
- *sal y pimienta*

En una cazuela con abundante agua salada y 1 cucharada de mantequilla, cueza los espaguetis durante 15 ó 20 minutos, hasta que estén al dente, escúrralos, y páselos bajo el chorro de agua fría para detener el proceso de cocción.

Ponga una sartén a fuego vivo con el resto de la mantequilla, los pimientos lavados, sin tallo ni semillas, la zanahoria raspada, el calabacín pelado, las judías verdes, sin hebras y despuntadas, y las cebolletas peladas, todo picado en juliana, y deje cocer durante 15 minutos; pele las gambas, e incorpórelas junto con el caldo de pastilla y la salsa de soja; sazone con sal y pimienta al gusto, y deje a fuego medio durante 5 minutos.

Cuando todos los ingredientes estén cocinados, agregue los espaguetis cocidos, y saltee todo junto durante unos minutos.

Pase los espaguetis a una fuente, y sírvalos espolvoreados con el perejil picado.

Lazos Ricardo

Ingredientes para 4 personas:

- *500 g de lazos de pasta*
- *el zumo de 1 limón*
- *4 cucharadas de aceite de oliva*
- *1 diente de ajo*
- *orégano en polvo*
- *200 g de mozzarella, troceada*
- *2 tomates maduros*
- *sal y pimienta*

Cueza la pasta en una cacerola con abundante agua salada, escúrrala, y póngala en una fuente de servir.

Mientras tanto, prepare el condimento: ponga en un cuenco el zumo de limón, el aceite, el ajo machacado, una pizca de sal y de pimienta, y otra de orégano. Remuévalo, agregue la mozzarella cortada en trozos, y los tomates pelados, troceados y sin semillas. Vierta el condimento sobre la pasta, remueva, y sírvalo frío.

Macarrones "Blitz"

Ingredientes para 4 personas:

- *500 g de macarrones*
- *100 g de mantequilla*
- *250 g de atún en aceite*
- *1 pimiento picado*
- *sal*
- *pimienta*

Hierva la pasta en una cacerola con abundante agua salada.

Cuando esté casi cocida, derrita la mantequilla en una sartén pequeña, dejando que se oscurezca ligeramente, y trocee el atún y el pimiento.

Escurra la pasta, y condiméntela con la mantequilla, el atún y el pimiento; espolvoree con abundante pimienta, y remueva con cuidado.

Este plato se prepara con tal rapidez que por ello le llaman "Blitz", que en alemán quiere decir "relámpago".

Timbal de otoño

Ingredientes para 4 personas:

- *500 g de macarrones*
- *350 g de setas*
- *2 cucharadas de aceite*
- *150 g de mantequilla*
- *1 cebolla*
- *2 cucharadas de harina*
- *1/2 l de caldo*
- *1 pizca de pimienta de Cayena*
- *salsa Worcester*
- *150 g de jamón cocido*
- *200 g de queso parmesano rallado*
- *sal*
- *pimienta*

Ponga al fuego una cacerola con agua salada y llévela a ebullición.

Mientras tanto, limpie las setas, córtelas en tiras, y póngalas en una sartén con el aceite y la cebolla picada. Cocínelas a fuego vivo, hasta que pierdan su líquido; baje el fuego, salpimente, y siga la cocción durante 20 minutos.

En otra sartén, derrita 50 g de mantequilla, agregue la harina, removiendo con cuidado, diluya con el caldo caliente, salpimente, espolvoree con la pimienta de Cayena, y rocíe con la salsa Worcester. Cueza durante 10 minutos, sin dejar de remover.

Hierva la pasta, escúrrala, y viértala en una fuente para horno, previamente engrasada, junto con 40 g de mantequilla fresca. Incorpore el jamón cocido cortado en taquitos, las setas, dos terceras partes del queso parmesano y dos terceras partes de la salsa, reservando el resto.

Remueva con cuidado, cubra la pasta con la salsa reservada, espolvoree con el resto del queso parmesano, y distribuya sobre la superficie unos rizos de mantequilla.

Gratine en el horno durante 30 minutos, y sirva el plato bien caliente.

Tallarines Gabriela

Ingredientes para 4 personas:

- *500 g de tallarines*
- *500 g de tomates*
- *20 hojas de albahaca o 1/2 cucharada de albahaca seca*
- *2 dientes de ajo*
- *1/2 vaso de aceite de oliva*
- *sal y pimienta*

Ponga al fuego una olla con agua salada y, cuando rompa a hervir, vierta la pasta.

Mientras cuece, pele los tomates, córtelos por la mitad, elimine las semillas y trocéelos; póngalos en un cuenco con la albahaca y el ajo picados, condimente con sal y pimienta, rocíe con el aceite, y deje que se marine durante 20 minutos, aproximadamente.

Cueza la pasta al dente, escúrrala, y viértala en una fuente de servir; añada los tomates marinados, desechando su líquido, rectifique de aceite, y remueva bien.

Sírvalo inmediatamente.

Macarrones al queso

Ingredientes para 4 personas:

- *500 g de macarrones*
- *100 g de mantequilla*
- *1 1/2 cucharadas de harina*
- *1/2 l de leche*
- *nuez moscada*
- *1 yema de huevo*
- *50 g de queso parmesano rallado*
- *100 g de queso emmenthal*
- *sal*

Cueza la pasta en abundante agua salada.

Mientras tanto, prepare una bechamel bastante clarita: derrita una cucharada de mantequilla en una sartén, y agregue la harina, removiendo sin cesar, con una cuchara de madera, para que no se formen grumos. Diluya con la leche caliente, sale, espolvoree con nuez moscada, y remueva, hasta que espese muy ligeramente la bechamel. Deje que se enfríe, y agréguele la yema de huevo y la mitad del queso parmesano rallado.

Escurra la pasta, viértala en una fuente para horno untada de mantequilla, condiméntela con 50 g de mantequilla derretida, el queso emmenthal cortado en taquitos, la bechamel y el restante queso parmesano, y esparza sobre su superficie unos rizos de mantequilla.

Gratine en el horno durante 10 minutos, a 220 grados, y sírvalo bien caliente.

Espaguetis con alcaparras y bacon

Ingredientes para 4 personas:

- *500 g de espaguetis*
- *75 g de bacon*
- *2 cucharadas de aceite*
- *500 g de tomates pelados*
- *1 cazo de caldo de pastilla*
- *50 g de alcaparras*
- *3 ó 4 hojas de salvia*
- *1 cucharada de vinagre*
- *100 g de queso parmesano rallado*
- *sal y pimienta*

Cueza los espaguetis al dente, en una cacerola con abundante agua salada hirviendo.

En otra cacerola grande, prepare el sofrito con el aceite, el bacon picado, los tomates aplastados con un tenedor, sal y pimienta. Deje que se espese a fuego vivo y agregue el caldo. Baje el fuego, y deje cocer 15 minutos.

Antes de retirar la cacerola del fuego, agregue las alcaparras, el vinagre y la salvia bien picada.

Vierta la pasta bien escurrida en la cacerola espolvoréela con el queso parmesano rallado, remuévalo, y sirva el plato enseguida.

Conchas con berenjenas

Ingredientes para 4 personas:

- *500 g de conchas de pasta*
- *3 berenjenas*
- *aceite de oliva*
- *30 g de mantequilla*
- *1 diente de ajo*
- *1 cebolla*
- *400 g de tomates pelados*
- *unas ramitas de mejorana*
- *50 g de queso parmesano rallado*
- *10 lonchas de queso para sandwiches*
- *sal y pimienta*

Pele las berenjenas, córtelas en finas rodajas, y colóquelas en capas sobre una bandeja o tabla de madera inclinada, a ser posible, sobre el fregadero de la cocina. Sale cada capa, y deje reposar las berenjenas durante 30 minutos, para que pierdan su líquido amargo.

Ponga al fuego una sartén con 5 cucharadas de aceite, agregue la cebolla y el ajo finamente picados y, cuando estén bien dorados, añada los tomates bien escurridos y aplastados con un tenedor.

Espolvoree con la mejorana picada, salpimente y deje cocer a fuego lento durante 30 minutos.

Mientras tanto, seque las berenjenas, fríalas en aceite hirviendo, y vaya colocándolas sobre una hoja de papel absorbente, para eliminar el exceso de grasa.

Cueza las conchas en agua salada hirviendo, escúrralas, y condiméntelas con el queso parmesano rallado y la mantequilla.

Engrase con 1 cucharada de aceite una fuente para horno, y coloque en ella, formando diferentes capas, las conchas, la salsa, las berenjenas fritas y las lonchitas de queso. Siga así hasta terminar con los ingredientes.

Rocíe el preparado con un poco de aceite, hornee a 200 grados durante 30 minutos, y sírvalo bien caliente.

Rizos Pirandello

Ingredientes para 4 personas:

- *400 g de rizos de pasta*
- *8 filetes de anchoa*
- *1/2 vaso de aceite de oliva*
- *500 g de tomates pelados*
- *50 g de aceitunas verdes o negras*
- *50 g de alcaparras*
- *orégano*
- *sal*
- *pimienta*

Ponga los filetes de anchoa en una cazuela, recúbralos con el aceite, y caliéntelos a fuego lento, removiendo con una cuchara de madera hasta que se deshagan.

Escurra los tomates, trocéelos con un tenedor, y añádalos a las anchoas. Salpimente y cocínelos durante 20 minutos.

Cueza la pasta en abundante agua salada hirviendo.

Trocee las aceitunas deshuesadas, agréguelas a la salsa junto con las alcaparras, y remueva varias veces.

Escurra la pasta, y póngala en una fuente condimentándola con la "salsa Pirandello".

Espolvoree con orégano, y sirva enseguida.

Espaguetis apetitosos

Ingredientes para 4 personas:

- *500 g de espaguetis*
- *3 huevos*
- *50 g de queso parmesano rallado*
- *200 g de salchichas frescas*
- *2 cucharadas de aceite de oliva*
- *2 dientes de ajo*
- *3 cucharadas de brandy*
- *50 g de mantequilla*
- *sal*
- *pimienta*

Ponga al fuego una olla con agua y una cucharada de sal; cuando rompa a hervir, vierta los espaguetis, cuézalos y escúrralos.

Casque los huevos en un cuenco y bátalos, añádales el queso parmesano, y salpimente.

Trocee las salchichas, y dórelas en una sartén con el aceite y el ajo; a continuación, rocíelas con el brandy y ponga el fuego al mínimo, para mantener las salchichas calientes.

En una cazuela puesta al fuego, derrita la mantequilla, añada los espaguetis y remuévalos bien. Retírelos, vierta sobre ellos los huevos con el queso, y remueva rápidamente, hasta que éstos formen una crema densa.

Coloque los espaguetis en una fuente de servir, y condiméntelos con las salchichas y su salsa de cocción.

Tallarines en salsa de higaditos

1

2

3

4

1. Ingredientes: tallarines, setas, higaditos de pollo, nata líquida, cebolla, ajo, aceite de oliva, vino blanco, panceta, trufa, sal y pimienta.
2. Pique el ajo, la cebolla y la panceta.
3. Limpie las setas con un cuchillo, y deseche la parte inferior de su tallo.
4. Frote la superficie con un paño húmedo, y córtelas en rodajas finas.

5

6

7

8

5. Ponga al fuego una cacerola con el aceite, el ajo, la cebolla y la panceta; pasados 5 ó 6 minutos, agregue las setas.

6. Incorpore los higaditos de pollo, y rocíe con vino blanco.

7. Añada los tallarines y el resto de la nata, y remueva.

8. Ponga la pasta en una fuente de servir, y distribuya sobre ella la trufa cortada en rodajitas.

Tallarines en salsa de higaditos

Ingredientes para 4 personas:

- *500 g de tallarines*
- *1 cebolla*
- *1 diente de ajo*
- *60 g de panceta*
- *350 g de setas*
- *6 cucharadas de aceite de oliva*
- *150 g de higaditos de pollo*
- *1/2 vaso de vino blanco*
- *1 taza de nata líquida*
- *1 trufa*
- *sal*
- *pimienta*

Pique la cebolla y el ajo, previamente pelados, y la panceta.

Limpie las setas, eliminando la parte inferior del tallo con tierra, frotando toda su superficie con un cuchillo y un paño húmedo, y córtelas en finas rodajas.

A continuación, ponga al fuego una cacerola con el aceite, la cebolla, el ajo y la panceta, y dórelos a fuego lento.

Mientras tanto, lleve a ebullición el agua salada, para la cocción de la pasta.

Cuando el sofrito esté bien dorado, incorpore las setas, dejándolas 2 ó 3 minutos a fuego medio, hasta que suelten la mayor parte de su líquido.

Pasados 10 minutos añada los higaditos de pollo, bien limpios y lavados, rocíe con el vino blanco, y deje que se evapore lentamente. Añada la mitad de la nata, salpimente, y deje espesar la salsa.

Vierta en la cacerola la pasta cocida y escurrida, y la nata restante; remuévalo, y vierta los tallarines en la fuente de servir, distribuyendo por encima la trufa cortada en rodajitas.

Sirva el plato bien caliente.

Macarrones silvestres

Ingredientes para 4 personas:

- *500 g de macarrones*
- *250 g de requesón*
- *100 g de aceitunas negras deshuesadas*
- *2 dientes de ajo*
- *1 guindilla roja*
- *unas ramitas de perejil*
- *aceite de oliva*
- *sal*

Caliente agua salada en una cacerola, para la cocción de la pasta.

Ponga el requesón en una fuente de servir, con las aceitunas bien picadas.

Cueza la pasta, escúrrala, y viértala en la fuente.

Para mantener la fuente de servir bien caliente, colóquela sobre una cacerola llena de agua hirviendo.

Esparza sobre la superficie de la pasta el ajo, la guindilla y el perejil picados, y remuévalo varias veces.

Rocíe los macarrones con un chorrito de aceite, y sirva enseguida.

Lazos con salsa de salmón

Ingredientes para 4 personas:

- *500 g de lazos de pasta*
- *100 g de cebollitas*
- *4 cucharadas de aceite de oliva*
- *1 lata de salmón al natural*
- *unas ramitas de perejil*
- *2 hojas de laurel*
- *400 g de tomates frescos*
- *sal*
- *pimienta*

Limpie las cebollitas, córtelas en rodajas, y dórelas en el aceite. Agregue el salmón desmenuzado, el perejil lavado y finamente picado, las hojas de laurel, sal y pimienta, y dórelo a fuego lento durante 10 minutos.

Pasado este tiempo, añada los tomates lavados, pelados, sin semillas y pasados por la batidora o por el pasapurés, y deje que se espesen a fuego vivo.

Mientras tanto, cueza la pasta en una cacerola con abundante agua salada, escúrrala bien, póngala en una fuente de servir, y condiméntela con la salsa de salmón.

Sírvala bien caliente.

Espaguetis con champiñones

Ingredientes para 4 personas:

- *500 g de espaguetis*
- *1 cebolla pequeña*
- *1 diente de ajo*
- *4 cucharadas de aceite*
- *nuez moscada*
- *1/2 vaso de vino blanco seco*
- *350 g de champiñones*
- *unas hebras de azafrán*
- *50 g de queso de bola*
- *sal*
- *pimienta*

Antes de cocer los espaguetis, prepare los champiñones: pique la cebolla y el ajo, póngalos en una sartén con el aceite, y dórelos; salpimente y espolvoree con la nuez moscada; rocíe con el vino blanco seco y, cuando éste se haya evaporado, vierta los champiñones limpios, bien lavados y cortados en rodajas. Fríalos a fuego lento durante 15 minutos.

Mientras tanto, ponga al fuego la olla con el agua salada para cocer la pasta y, cuando rompa a hervir, introduzca los espaguetis y cuézalos al dente. Escúrralos, y póngalos en una fuente para horno. Añada los champiñones, el azafrán y el queso de bola cortado en lonchas finas. Remueva bien y, antes de servir, gratínelo en el horno caliente durante 5 minutos.

Tallarines al pesto

Ingredientes para 4 personas:

- *500 g de tallarines*
- *250 g de albahaca fresca*
- *4 dientes de ajo*
- *1 cucharadita de mejorana*
- *20 g de piñones*
- *100 g de queso parmesano rallado*
- *2 cucharadas de aceite de oliva*
- *sal*

En primer lugar, prepare la salsa "al pesto": ponga en un mortero las hojas de albahaca bien lavadas, los dientes de ajo, la mejorana y los piñones, machacando repetidamente todos los ingredientes, hasta obtener una crema homogénea; añada el queso parmesano rallado, y machaque el preparado durante 2 ó 3 minutos más aproximadamente.

Ponga el "pesto" en una taza, sale ligeramente, y diluya con el aceite de oliva y 2 cucharadas de agua caliente.

A continuación, cueza en una cacerola con agua salada los tallarines, escúrralos, y viértalos en la fuente de servir, condimentándolos con la salsa "al pesto".

Sirva el plato enseguida, bien caliente.

Caracolas mediterráneas

Ingredientes para 4 personas:

- *500 g de caracolas de pasta*
- *500 g de chipirones*
- *5 cucharadas de aceite de oliva*
- *unas ramitas de tomillo*
- *unas ramitas de albahaca fresca o 1/2 cucharada de albahaca seca*
- *1 diente de ajo*
- *1 vaso de vino blanco*
- *500 g de tomates pelados de lata*
- *100 g de aceitunas negras*
- *sal*
- *pimienta*

Limpie los chipirones, reservando las bolsitas de tinta; lávelos, escúrralos y séquelos; córtelos en finas tiras, y trocee los tentáculos. Ponga todo en una cacerola con el aceite, el tomillo, la albahaca y el ajo picados; dórelo durante 2 minutos, salpimente, y rocíe con el vino blanco, dejando que se evapore a fuego lento.

Vierta la tinta de 3 ó 4 bolsitas sobre los chipirones, removiendo con cuidado.

Escurra los tomates de su líquido de conservación, y páselos por el pasapurés, recogiéndolo directamente en la cacerola con los demás ingredientes. Deje cocer durante 1 hora y 30 minutos con el fuego al mínimo y con el recipiente tapado, removiendo de vez en cuando.

A continuación, deshuese las aceitunas, y agréguelas a los chipirones 5 minutos antes de terminar la cocción.

Hierva la pasta en una olla con abundante agua salada hirviendo, condiméntela con la "salsa mediterránea", y sírvala en una fuente.

Macarrones con pistachos

Ingredientes para 4 personas:

- *500 g de macarrones*
- *unas ramitas de romero*
- *unas ramitas de mejorana*
- *1 cucharada de pistachos*
- *100 g de panceta*
- *1/2 cebolla*
- *5 cucharadas de aceite de oliva*
- *sal*
- *pimienta*

Ponga al fuego una olla con agua salada y, cuando rompa a hervir, cueza la pasta.

Machaque los pistachos con el romero y la mejorana.

A continuación, pique la panceta con la cebolla, póngalas en una sartén grande con el aceite, fríalas a fuego lento, hasta que la panceta haya soltado su grasa, y añada las hierbas aromáticas picadas con los pistachos.

En la misma sartén, condimente con el preparado la pasta, cocida y escurrida, y deje cocer durante 5 minutos a fuego vivo, removiendo con una cuchara de madera, para que los ingredientes se mezclen bien. Espolvoree con pimienta, y sirva enseguida, bien caliente.

Espaguetis con calamares

Ingredientes para 4 personas:

- *400 g de espaguetis*
- *400 g de calamares*
- *2 dientes de ajo*
- *1 cebolla*
- *3 tomates maduros*
- *1/2 vaso de aceite de oliva*
- *1 pizca de guindilla en polvo*
- *1 vaso de vino blanco*
- *sal*
- *pimienta*

Limpie bien los calamares, reservando las bolsas de tinta en un tazón, lávelos bien, córtelos en tiras, y póngalos a secar sobre un paño.

Pele los tomates, escaldándolos en agua hirviendo, trocéelos, y elimine las semillas.

Caliente el aceite en una sartén, y fría el ajo y la cebolla picados; pasados 2 ó 3 minutos, añada los tomates y los calamares. Salpimente, agregue la guindilla en polvo, y rocíe con el vino blanco. Baje el fuego al mínimo, y siga la cocción con el recipiente tapado, durante 30 minutos.

A continuación, agregue la tinta, y cocínelo hasta que los calamares estén tiernos.

Cueza la pasta en abundante agua salada hirviendo, escúrrala, y póngala en la sartén con los calamares. Remueva y sírvalo enseguida en una fuente.

Tortellini con salsa de nueces

Ingredientes para 4 personas:

- *500 g de tortellini*
- *30 nueces enteras*
- *1/4 l de nata*
- *100 g de mantequilla*
- *sal*
- *pimienta*

Ponga al fuego una olla con abundante agua salada y, cuando ésta rompa a hervir, vierta los tortellini.

Mientras éstos cuecen prepare la salsa: ponga en un mortero las nueces, sin cáscara, y macháquelas con mucha fuerza hasta que estén hechas polvo, como harina.

Agregue lentamente la nata, sin dejar de remover; añada la mantequilla, bata hasta obtener una crema homogénea, y salpimente.

Escurra los tortellini cocidos, condiméntelos con la salsa, y sírvalos en una fuente.

La salsa de nueces es indicada para condimentar también lasañas, raviolis y otros tipos de pasta.

Tallarines verdes con mortadela

Ingredientes para 4 personas:

- *500 g de tallarines verdes*
- *1 diente de ajo*
- *1 cebolla pequeña*
- *2 cucharadas de aceite*
- *50 g de mortadela, cortada en tiras*
- *1/2 vaso de jerez*
- *1 vaso de nata líquida*
- *una pizca de nuez moscada en polvo*
- *50 g de queso gruyère rallado*
- *sal*
- *pimienta*

Pele el ajo y la cebolla, píquelos, y dórelos en una cazuela con el aceite; añada la mortadela, sofría durante 1 minuto, y rocíe con el jerez, que dejará evaporar con el recipiente tapado; riegue con la nata, salpimente, condimente con la nuez moscada, y deje espesar.

Ponga al fuego una olla con abundante agua salada y, cuando rompa a hervir vierta los tallarines verdes, dejándolos cocer al dente. Escurra la pasta, y póngala en una fuente de servir bien caliente, condimentándola con la salsa.

Espolvoree con el queso, y sírvalo.

Sopa de pasta con judías

1

2

3

4

5

1. Ingredientes: cintas, judías pintas, ajo, bacon, cebolla, aceite de oliva, tomates, laurel, sal y pimienta.
2. Cueza las judías en una cacerola y retírelas con una espumadera; ponga la mitad en un cuenco, y pase la otra mitad por un pasapurés.
3. En una cacerola grande con el aceite, fría la cebolla y el ajo picados, y el bacon cortado en taquitos; remueva, y añada al sofrito los tomates pelados, aplastados con un tenedor.
4. Pasados unos minutos, agregue las judías enteras y el puré de judías.
5. Riegue con el líquido de cocción de las judías y, si es necesario, añada más agua, hasta obtener 1 1/2 l de caldo. Agregue las hojas de laurel, salpimente y cueza durante 30 ó 40 minutos.
6. Transcurrido este tiempo, vierta la pasta en la cacerola, y cuézala durante 7 minutos. Sirva el preparado en una sopera, aliñando con aceite y pimienta.

6

Sopa de pasta con judías

Ingredientes para 4 personas:

- *150 g de cintas*
- *400 g de judías pintas*
- *1 cebolla*
- *2 dientes de ajo*
- *70 g de bacon*
- *6 cucharadas de aceite de oliva*
- *3 ó 4 tomates maduros*
- *2 hojas de laurel*
- *sal*
- *pimienta*

Ponga las judías en agua durante 12 horas.

Pasado este tiempo, escurra las judías, y póngalas en una cacerola con 2 1/2 litros de agua caliente; sale y cueza con el recipiente tapado, con el fuego al mínimo, durante 1 hora y 45 minutos. A continuación, retire con una espumadera las judías, colocándolas en un cuenco, y reserve el caldo de cocción. Pase la mitad de las judías por un pasapurés, y reserve la otra mitad.

Pique la cebolla y el ajo, y corte en taquitos el bacon.

Ponga estos ingredientes en otra cacerola grande con 6 cucharadas de aceite, y fríalos a fuego lento, hasta que el bacon esté bien tostado.

Incorpore los tomates pelados, sin semillas y troceados.

Cueza durante 7 minutos, y agregue las judías enteras; remueva y, pasados unos minutos, añada el puré de judías, mezclando bien todos los ingredientes.

Diluya con el líquido de cocción de las judías que había reservado, añadiendo, si es necesario, más agua, hasta obtener 1 1/2 litros de caldo en total.

Agregue las hojas de laurel, sazone con sal y pimienta, y cueza durante 30 ó 40 minutos a fuego lento con el recipiente tapado.

Transcurrido este tiempo, vierta en la cacerola la pasta, y cuézala al dente.

Sirva la “Sopa de pasta con judías” aliñada con aceite crudo y pimienta.

Tallarines con fontal

Ingredientes para 4 personas:

- *500 g de tallarines*
- *4 cucharadas de aceite de oliva*
- *2 dientes de ajo*
- *500 g de tomates pelados*
- *nuez moscada*
- *25 g de mantequilla*
- *200 g de queso fontal en lonchas*
- *sal*
- *pimienta*

Dore, en una sartén con el aceite, los dientes de ajo pelados; añada los tomates, salpimente, y espolvoree con una pizca de nuez moscada. Déjelo cocer durante 25 minutos, aproximadamente, y tamice la salsa.

En una cacerola con abundante agua salada hirviendo, cueza la pasta, y escúrrala. Condiméntela con la salsa preparada, y póngala, formando capas, en una fuente para horno untada con mantequilla: alterne cada capa de pasta con otra capa de lonchas de fontal. Procure que la última capa sea de queso, y hornee a 200 grados durante 20 minutos.

Sirva enseguida en el mismo recipiente.

Espaguetis del pescador

Ingredientes para 4 personas:

- *500 g de espaguetis*
- *500 g de mejillones*
- *500 g de chirlas*
- *300 g de gambas o cigalitas*
- *1 vaso de vino blanco*
- *1/2 vaso de aceite de oliva*
- *2 dientes de ajo*
- *500 g de tomates pelados*
- *1 cucharada de perejil*
- *sal*
- *pimienta*

Frote los mejillones y las chirlas con un cepillito, bajo el chorro de agua fría; póngalos al fuego en una cacerola grande, hasta que se abran todas las conchas, y reserve el líquido de cocción.

Pele las gambas, y reserve las cáscaras.

Deseche dos terceras partes de las conchas de los moluscos, reservando el resto con su concha.

En el líquido de cocción reservado, vierta las cáscaras de las gambas y el vino blanco, y hierva a fuego lento durante 10 minutos.

Ponga al fuego una cazuela con el aceite y el ajo y, cuando esté dorado, agregue los moluscos sin conchas. Cocínelo durante 5 ó 6 minutos, rocíe con el líquido de cocción filtrado, y siga cociendo con el fuego al mínimo.

Añada los tomates, salpimente, y deje que se espesen durante 20 minutos.

Hierva la pasta al dente, escúrrala, y póngala en una fuente de servir, condimentándola con la salsa, a la que habrá agregado, antes de retirarla del fuego, el perejil picado.

Decore con los moluscos reservados, después de haberlos calentado durante 5 minutos en la misma salsa, y sírvalo.

Macarrones al brandy

Ingredientes para 4 personas:

- *500 g de macarrones*
- *1 diente de ajo*
- *1 cebolla*
- *1/2 vaso de aceite*
- *1/2 vaso de brandy*
- *500 g de tomates pelados*
- *150 g de queso parmesano rallado*
- *sal y pimienta*

Pique finamente el ajo y la cebolla, dórelos en una sartén con el aceite y, pasados 1 ó 2 minutos, rocíelos con el brandy.

Acto seguido, añada los tomates aplastados con un tenedor, salpimente, y déjelo cocer a fuego medio, hasta que espese.

Cueza aparte los macarrones en abundante agua salada hirviendo, escúrralos, y condimente con la salsa y con el queso parmesano rallado.

Ñoquis con salsa de tomate

Ingredientes para 4 personas:

- *500 g de ñoquis*
- *1 cebolla*
- *1/2 vaso de aceite*
- *500 g de tomates pelados*
- *100 g de queso parmesano rallado*
- *sal y pimienta*

Cueza los ñoquis en abundante agua salada hirviendo, durante 30 minutos, y escúrralos.

Mientras tanto, prepare la salsa: fría en el aceite la cebolla picada, agregue los tomates tamizados, salpimente, y deje que se espese.

Escurra los ñoquis, y póngalos en la fuente con la salsa de tomate, espolvoreándolos con el queso. Sirva el plato bien caliente.

Espaguetis Vesubio

Ingredientes para 4 personas:

- *500 g de espaguetis*
- *500 g de tomates pelados*
- *2 dientes de ajo*
- *1 cebolla*
- *unas ramitas de albahaca fresca o 1 cucharadita de albahaca seca*
- *unas ramitas de perejil*
- *1/2 vaso de aceite de oliva*
- *250 g de mozzarella*
- *50 g de aceitunas verdes deshuesadas*
- *50 g de aceitunas negras deshuesadas*
- *1 cucharada de mantequilla*
- *sal y pimienta*

Escurra, trocee y reserve los tomates. Pele el ajo y la cebolla, y separe de su tallo las hojas de albahaca y de perejil. Píquelo todo, vierta el preparado en una sartén con el aceite, dórelo a fuego medio, y agregue los tomates procurando deshacerlos con un tenedor. Salpimente, y cocine con el recipiente tapado, durante 20 minutos. A continuación, destape el recipiente, y deje que la salsa se espese ligeramente.

Caliente abundante agua, llevándola a ebullición, sálela, y vierta los espaguetis.

Desmenuce la mozzarella y las aceitunas, incorporándolas a la salsa 5 minutos antes del final de su cocción.

Cuando esté cocida escurra la pasta, póngala en la fuente de servir, condimente con la salsa, añada la mantequilla, y remueva bien. Si lo desea, puede espolvorear los espaguetis con queso parmesano rallado.

Sirva el plato enseguida, bien caliente.

Timbal de Nápoles

Ingredientes para 4 personas:

- *400 g de macarrones largos o espaguetis*
- *1 cebolla*
- *1 diente de ajo*
- *5 cucharadas de aceite*
- *300 g de tomates pelados*
- *unas ramitas de albahaca fresca o 1 cucharadita de albahaca seca*
- *6 quesitos en porciones*
- *100 g de aceitunas negras deshuesadas*
- *600 g de mozzarella*
- *100 g de queso parmesano rallado*
- *sal y pimienta*

Pique la cebolla y el ajo, fríalos en una cacerola con 4 cucharadas de aceite, y añada los tomates y la albahaca lavada y escurrida; salpimente, y deje cocer durante 30 minutos a fuego lento, removiendo de vez en cuando con una cuchara de madera.

Mientras tanto, cueza la pasta, y escúrrala.

Cuando la salsa esté cocida, pásela por un tamiz, y póngala otra vez en la cacerola al fuego, procurando deshacer en ella los quesitos.

Condimente los macarrones con la salsa preparada, y póngalos, formando dos capas, en una fuente para horno untada con el resto del aceite, y recubriendo cada una de estas capas con las aceitunas, la mozzarella, cortada en taquitos, y el queso parmesano rallado. Gratine a 200 grados durante 20 ó 30 minutos, y sírvalo caliente en la misma fuente.

Macarrones con requesón

Ingredientes para 4 personas:

- *500 g de macarrones*
- *70 g de mantequilla*
- *300 g de requesón*
- *1 vaso de leche*
- *100 g de queso emmenthal rallado*
- *unas ramitas de perejil*
- *unas ramitas de albahaca o 1/2 cucharada de albahaca seca*
- *unas hojitas de hierbabuena*
- *nuez moscada*
- *sal y pimienta*

Ponga al fuego una olla con agua salada, y espere a que hierva.

Mientras tanto, en una sartén, derrita la mantequilla, y una vez retirada del fuego, agréguele el requesón tamizado. Diluya con la leche, removiendo despacio, y espolvoree con el queso emmenthal rallado y con las hierbas picadas, frescas o en polvo. Salpimente, y agregue una pizca de nuez moscada.

Cueza la pasta, escúrrala, y condiméntela con el preparado, vertiéndola en la sartén, que habrá vuelto a poner en el fuego.

Remueva durante 2 minutos, y sírvala.

Tallarines ahumados

Ingredientes para 4 personas:

- *500 g de tallarines*
- *1 cebolla*
- *1 diente de ajo*
- *100 g de bacon*
- *3 cucharadas de aceite*
- *1 trocito de guindilla*
- *500 g de tomates pelados en conserva*
- *100 g de queso ahumado de Mahón*
- *100 g de queso parmesano*
- *sal*

Prepare un condimento con la cebolla, el ajo y el bacon, póngalo en una cazuela de barro que sea lo suficientemente grande como para contener la pasta, y déjelo dorar en el aceite.

A continuación, agregue la guindilla, una pizca de sal y los tomates, mezclados con su propio líquido de conservación, y desmenuzados. Remueva y deje cocer a fuego lento, con el recipiente tapado, durante 20 minutos.

Corte en finas tiras el queso de Mahón, y ralle el queso parmesano.

Cueza al dente, en abundante agua salada, los tallarines; una vez escurridos, páselos a la cazuela de barro, incorpore los quesos, remueva con delicadeza, dejándolos cocer durante 2 ó 3 minutos a fuego muy lento, y sírvalos.

Espaguetis con aceitunas

Ingredientes para 4 personas:

- *500 g de espaguetis*
- *1 diente de ajo*
- *1/2 cebolla*
- *1/2 vaso de aceite de oliva*
- *50 g de filetes de anchoa*
- *50 g de alcaparras*
- *500 g de tomates maduros*
- *100 g de aceitunas negras*
- *1/2 cucharada de albahaca seca*
- *sal*

Pique finamente el ajo y la cebolla; dórelos en una sartén con el aceite y añada los filetes de anchoa, aplastándolos con un tenedor, y las alcaparras. Sofría durante 5 minutos, y agregue los tomates, pelados, troceados y sin semillas. Salpimente, y siga la cocción durante 30 minutos aproximadamente.

Unos 10 minutos antes de retirar del fuego la salsa, añada las aceitunas deshuesadas y troceadas y la albahaca.

Mientras tanto, cueza la pasta en abundante agua hirviendo salada, escúrrala, y viértala en una fuente de servir, condimentando con la salsa preparada.

Sirva los espaguetis bien calientes.

Macarrones con queso azul

1

2

3

4

1. Ingredientes: macarrones, queso azul, nata, azúcar, perejil, sal y pimienta.
2. Corte el queso en taquitos.
3. Póngalo en una cacerola de barro a fuego lento, y agregue la mitad de la nata.
4. Remueva hasta que se forme una crema.

5

6

7

8

5. Agregue el azúcar al preparado.
6. Condimente la crema con una pizca de sal y de pimienta.

7. Ponga en la cacerola de la salsa la pasta cocida, y añada el resto de la nata.
8. Mezcle bien la pasta y la salsa.

Macarrones con queso azul

Ingredientes para 4 personas:

- *500 g de macarrones largos*
- *150 g de queso azul*
- *1/4 de l de nata líquida*
- *1 cucharadita de azúcar*
- *sal*
- *pimienta*

Corte el queso en taquitos, y ponga éstos en una cacerola de barro a fuego lento. Cuando el queso empiece a fundirse, vierta lentamente la mitad de la nata, sin dejar de remover con una cuchara de madera, hasta obtener una crema homogénea; añada el azúcar y una pizca de sal y de pimienta.

Cueza la pasta en agua salada; cuélela y agréguela a la cacerola con la salsa, removiendo y condimentando con la nata restante.

Si lo desea, puede espolvorear con perejil fresco finamente picado.

Sirva el plato enseguida, bien caliente.

Caracolas del hortelano

Ingredientes para 4 personas:

- *500 g de caracolas de pasta*
- *25 g de setas secas*
- *1 cebolla*
- *1 zanahoria*
- *1 calabacín*
- *1 rama de apio*
- *1/2 hinojo*
- *1 pimiento rojo pequeño*
- *6 cucharadas de aceite*
- *1 vaso de vino blanco*
- *3 cucharadas de tomate triturado*
- *2 hojas de laurel*
- *sal*
- *pimienta*

Ponga las setas en remojo en agua templada. Mientras tanto, trocee la cebolla, la zanahoria, el calabacín, el hinojo, el apio y el pimiento, después de haberlos limpiado bien.

Ponga estos ingredientes en una cacerola con el aceite, y dórelos, removiendo con una cuchara de madera. Rocíe con el vino blanco, y deje que se evapore a fuego lento.

Diluya el tomate triturado en un vaso de agua caliente y viértalo sobre los ingredientes. Salpimente, añada las setas bien escurridas y troceadas, y las hojas de laurel, que deberá retirar posteriormente. Tape el recipiente, y cueza durante 35 minutos, removiendo de vez en cuando.

Cueza la pasta en agua salada hirviendo y escúrrala; póngala en una fuente de servir, condimente con la salsa preparada, y sirva el plato enseguida.

Ñoquis a la crema

Ingredientes para 4 personas:

- *500 g de ñoquis*
- *50 g de mantequilla*
- *1 ramita de romero fresco*
- *4 cucharadas de leche*
- *150 g de queso cremoso*
- *4 cucharadas de tomate frito*
- *1 trozo de guindilla roja*
- *1 cucharada de perejil picado*
- *sal*

Hierva, en un cacerola con abundante agua salada, la pasta, y escúrrala.

Mientras se cuece la pasta, prepare la salsa: ponga al fuego una sartén grande, que pueda contener también los ñoquis, con la mantequilla y el romero fresco. Agregue la leche y el queso cremoso, sin dejar de remover, con una cuchara de madera, hasta obtener una crema densa y homogénea. A continuación, añada el tomate frito y la guindilla. Deje cocer durante 1 ó 2 minutos, aproximadamente, y agréguele la pasta cocida bien escurrida.

Remueva bien los ingredientes, y espolvoree con el perejil.

Sirva el plato enseguida.

Tallarines con alcachofas

Ingredientes para 4 personas:

- *500 g de tallarines*
- *3 alcachofas muy tiernas*
- *el zumo de 1/2 limón*
- *30 g de panceta*
- *1/2 cebolla*
- *5 cucharadas de aceite de oliva*
- *1/2 vaso de vino blanco*
- *1 vaso de caldo de pastilla*
- *1/2 vaso de nata líquida*
- *50 g de queso parmesano rallado*
- *sal y pimienta*

Deseche las primeras hojas de las alcachofas, recorte los tallos y córtelas por la mitad. Sumérjalas en agua con el zumo de limón durante 15 minutos; escúrralas, enjuáguelas, y córtelas en tiras finas.

Pique finamente la cebolla y la panceta, y dórelas en una sartén con el aceite. Agregue las alcachofas, removiendo durante 2 ó 3 minutos, y riegue con el vino blanco. Cuando éste se haya evaporado, vierta el caldo, y déjelo cocer, a fuego medio, durante 30 minutos. La salsa se espesará, reduciéndose casi a la mitad.

Cinco minutos antes de retirar las alcachofas del fuego, deberá salpimentarlas y rociarlas con la nata.

Cueza la pasta en abundante agua salada hirviendo, escúrrala, y viértala en una fuente, condimentándola con las alcachofas y con el queso parmesano rallado.

Macarrones de la India

Ingredientes para 4 personas:

- *500 g de macarrones*
- *100 g de mantequilla*
- *5 cucharadas de brandy*
- *1 vaso de nata líquida*
- *1 cucharadita de curry*
- *1 pimiento morrón*
- *sal y pimienta*

Ponga al fuego una olla para la cocción de la pasta, con abundante agua salada; vierta en ella los macarrones dejándolos cocer al dente.

Poco antes de escurrirlos, ponga al fuego una cazuela que sea lo suficientemente grande como para contener la pasta, con la mantequilla; cuando ésta esté derretida, rocíela con el brandy y la mitad de la nata, y cuézala durante 3 minutos, aproximadamente.

A continuación, añada la nata restante, sazone, vierta el curry, y siga la cocción a fuego lento, hasta que la salsa se espese. Agregue la pasta escurrida, y remueva varias veces. Ajuste de curry, si es necesario, y añada el pimiento picado, espolvoreando con abundante pimienta molida.

Sirva enseguida bien caliente.

Canelones Rossini

Ingredientes para 4 personas:

- *12 canelones al huevo*
- *400 g de requesón*
- *150 g de queso parmesano rallado*
- *1 huevo*
- *3 salchichas blancas pequeñas*
- *50 g de tocino*
- *unas ramitas de mejorana*
- *unas ramitas de albahaca*
- *3 cucharadas de tomate triturado*
- *1 vaso de agua*
- *25 g de mantequilla*
- *sal*

Para el relleno, tamice el requesón, recogiéndolo en un cuenco; sazónelo, y agregue la mitad del queso parmesano y el huevo. Remueva con una cuchara de madera, y deje reposar.

Ponga en una sartén las salchichas, sin piel y desmenuzadas, para que se doren a fuego vivo.

Para la salsa, pique finamente el tocino con la mejorana y la albahaca, y dórelo en una sartén, con su propia grasa. Añada el tomate, diluido con el agua templada, sale ligeramente, y retírelo del fuego.

Cueza los canelones en abundante agua salada hirviendo, escurriéndolos cuando aún no estén del todo cocidos, y sumergiéndolos inmediatamente en agua fría.

A continuación, extiéndalos sobre un paño limpio, para que se sequen. Una vez secos, rellénelos con el preparado de requesón previamente mezclado con la salchicha, y colóquelos en una fuente para horno untada de mantequilla. Riegue con la salsa, espolvoree con el queso parmesano restante, hornee a 200 grados durante 20 minutos, y gratínelo durante los últimos 5 minutos.

Sirva este plato en el mismo recipiente de cocción.

McCORMIC
CURRY IN
in polver

Espaguetis al brandy

Ingredientes para 4 personas:

- *400 g de espaguetis*
- *50 g de caviar*
- *60 g de mantequilla*
- *1 vaso de brandy*
- *2 hojas de salvia*
- *perifollo en polvo*
- *nuez moscada*
- *2 cucharadas de aceite de oliva*
- *sal*
- *pimienta*

Ponga el caviar en un cuenco y remuévalo, añadiendo poco a poco la mantequilla ablandada a temperatura ambiente. Agregue, gota a gota, el brandy y, a continuación, la salvia picada, el perifollo, una pizca de nuez moscada y pimienta.

Ponga al fuego una olla con abundante agua salada; en el momento en que ésta rompa a hervir, vierta la pasta. Cuando esté cocida al dente, escúrrala, y póngala en una fuente de servir previamente calentada. Condiméntela con el aceite y la mitad de la salsa; la otra mitad la distribuirá sobre los espaguetis en el momento de llevarlos a la mesa.

Sirva el plato bien caliente.

Macarrones del huerto

Ingredientes para 4 personas:

- *500 g de macarrones*
- *1 cebolla*
- *5 cucharadas de aceite*
- *3 puerros*
- *350 g de espinacas*
- *50 g de queso parmesano rallado*
- *sal*

Pique finamente la cebolla, y póngala con el aceite en una sartén lo suficientemente grande como para contener todas las verduras. Agregue los puerros y las espinacas, bien lavados y troceados, sale y remueva de vez en cuando. Tape el recipiente, y cueza a fuego lento durante 20 minutos.

En una cacerola aparte, con abundante agua salada, cueza la pasta, escúrrala, viértala en una fuente de servir, y condiméntela con las verduras.

Espolvoree con el queso parmesano rallado, y sirva enseguida bien caliente.

Macarrones con rúcola y gambas

Ingredientes para 4 personas:

- *400 g de macarrones*
- *100 g de rúcola*
- *50 g de mantequilla*
- *1 cebolleta*
- *1 cucharada de harina*
- *150 g de gambas*
- *1/2 vasito de leche*
- *sal y pimienta blanca*

Cueza los macarrones en abundante agua hirviendo con sal; cuando estén listos, escúrralos y resérvelos.

Mientras tanto, pele y pique finamente la cebolleta, lave la rúcola, séquela y córtela en tiritas finas.

En una sartén honda, rehogue la cebolleta picada en la mantequilla hasta que empiece a ablandarse, añada a continuación la harina y déle unas vueltas.

Incorpore la rúcola a la sartén y remueva con todo lo demás; agregue la leche y deje cocer 5 minutos. Salpimente.

Añada las gambas y déles un hervor en la salsa de rúcola.

Disponga la pasta escurrida en una fuente honda, vierta por encima el contenido de la sartén y sirva inmediatamente.

Tortellini con pistachos

Ingredientes para 4 personas:

- *500 g de tortellini*
- *80 g de pistachos*
- *120 g de mantequilla*
- *50 g de queso parmesano rallado*
- *sal*

Escalde los pistachos durante 2 ó 3 minutos en agua hirviendo, pélelos, y macháquelos en un mortero, hasta hacer de ellos una crema.

Ponga al fuego una olla con abundante agua salada y, cuando rompa a hervir, vierta los tortellini.

Mientras cuece la pasta, derrita la mantequilla en una cacerola y deje que se dore.

Cuando los tortellini estén en su punto, páselos a una fuente de servir, esparza sobre ellos los pistachos, rocíe con la mantequilla derretida, espolvoree con el queso parmesano rallado, remuévalo, y sirva enseguida.

Pasta con perdiz confitada

1

1. Ingredientes: pasta fresca blanca y verde, perdices, cebolla, grasa de oca, zanahorias, bayas de enebro, vinagre de jerez, nata líquida, cebollino, pimienta negra y sal.

2. Lave y seque las perdices. Cuézalas a fuego lento en una cazuela con tapa, en la grasa de oca y acompañadas de los granos de pimienta, las bayas de enebro, las zanahorias y la cebolla troceadas y la sal, durante 1 hora y 30 minutos

3. Cuando falten 15 minutos para que estén listas, cueza los dos tipos de pasta por separado para que no se mezclen. Escurra y reserve.

2

3

4

5

6

4. Saque las perdices, deshuéselas y trocee la carne.

5. En una sartén amplia con 2 ó 4 cucharadas del jugo de cocción de las perdices, añada la nata líquida y la carne; dé un hervor de 3 ó 4 minutos.

6. Disponga la pasta en los platos, decore con la salsa y los trozos de perdiz. Espolvoree con los tallos de cebollino picados y sirva.

Pasta con perdiz confitada

Ingredientes para 4 personas:

- *200 g de pasta verde, al gusto*
- *200 g de pasta blanca (del mismo tipo)*
- *2 perdices*
- *300 g de grasa de oca*
- *2 zanahorias*
- *1 cebolla*
- *8 granos de pimienta negra*
- *4 bayas de enebro*
- *1 1/2 cucharada de vinagre de jerez*
- *2 vasitos de nata líquida*
- *unos tallos de cebollino*
- *sal*

Lave y seque las perdices. En una cazuela con tapa, cuézalas a fuego lento en la grasa de oca, acompañadas de los granos de pimienta, las bayas de enebro, las zanahorias y la cebolla troceadas y la sal, durante 1 hora y 30 minutos

Cuando falten 15 minutos para que estén listas, cueza los dos tipos de pasta por separado para que no se mezclen y se pueda decorar los platos en el momento de servir. Escurra y reserve.

Saque las perdices, deshuéselas y trocee la carne.

En una sartén amplia con 2 ó 4 cucharadas del jugo de cocción de las perdices, añada la nata líquida y la carne; dé un hervor de 3 ó 4 minutos.

Disponga la pasta en los platos, separadamente, decore con la salsa y los trozos de perdiz. Espolvoree con los tallos de cebollino picados y sirva.

Macarrones picantes con tocino

Ingredientes para 4 personas:

- *500 g de macarrones*
- *3 cucharadas de aceite*
- *100 g de tocino, cortado en taquitos*
- *2 dientes de ajo*
- *500 g de tomates maduros*
- *300 g de setas, preferentemente níscalos*
- *1 guindilla roja picada*
- *100 g de queso parmesano rallado*
- *sal*

Dore el tocino en una sartén con el aceite y el ajo. Agregue los tomates, después de haberlos escaldado, pelado y cortado, eliminando las semillas. Añada las setas, limpias y cortadas en láminas, y la guindilla. Sale, y siga cociendo durante 30 minutos.

Mientras tanto, lleve a ebullición abundante agua salada, cueza en ella la pasta, y escúrrala.

Procure que la salsa y la pasta estén listas al mismo tiempo.

Condimente la pasta con la salsa y el queso parmesano, remueva muy bien, y sírvala enseguida.

Ensalada napolitana de pasta

Ingredientes para 4 personas:

- *250 g de macarrones*
- *3 tomates*
- *500 g de mozzarella*
- *4 ó 5 filetes de anchoa*
- *4 ó 5 alcaparras*
- *1 cucharada de orégano*
- *3 ó 4 cucharadas de aceite de oliva*
- *sal*
- *pimienta*

Esta receta puede constituir el plato único de una cena veraniega.

Hierva la pasta, y escúrrala, enfriándola bajo el chorro de agua para detener la cocción. Póngala en una fuente, y deje que se enfríe.

Lave los tomates, córtelos en gajos eliminando las semillas, y agréguelos a la pasta.

Corte en taquitos la mozzarella, enrolle los filetes de anchoa con una alcaparra en el centro, y añada estos ingredientes a la pasta.

Espolvoree con el orégano, salpimente, y remueva con cuidado; rocíe con el aceite, vuelva a remover, y sirva enseguida, o, si lo desea, introduzca la fuente en el frigorífico durante 1 hora antes de servir.

Tallarines a los cuatro quesos

Ingredientes para 4 personas:

- *500 g de tallarines*
- *100 g de jamón cocido*
- *80 g de queso fontal*
- *100 g de mozzarella*
- *80 g de queso gruyère*
- *100 g de queso parmesano rallado*
- *100 g de mantequilla*
- *nuez moscada*
- *sal*
- *pimienta*

Trocee el jamón y el queso fontal; corte en rodajas la mozzarella y el gruyère. Vierta estos ingredientes y el queso parmesano rallado en una cacerolita con la mantequilla, y coloque el recipiente en otro más grande, lleno de agua hasta la mitad. Póngalo al fuego y, cuando empiece a calentarse el agua, remueva con una cuchara de madera, hasta que los quesos se fundan. Salpimente, y espolvoree con una pizca de nuez moscada rallada.

Reserve la salsa al baño María con el fuego apagado.

Hierva la pasta al dente, escúrrala, y póngala en una fuente de servir.

Condimente enseguida con la "salsa a los cuatro quesos", y remueva bien antes de servir.

Macarrones del mafioso

Ingredientes para 4 personas:

- *500 g de macarrones*
- *1/2 vaso de aceite de oliva*
- *2 dientes de ajo*
- *100 g de panceta*
- *1 guindilla roja*
- *250 g de queso parmesano rallado*
- *sal*
- *pimienta*

Hierva la pasta en una cacerola con abundante agua salada.

Ponga al fuego una cazuela con el aceite y los dientes de ajo aplastados con un tenedor; dórelos ligeramente, y retírelos; en su lugar, ponga la panceta cortada en tiras finas y, cuando esté bien frita, añada la guindilla troceada, sin las semillas; remueva bien, y condimente con pimienta.

Vierta el preparado sobre la pasta cocida y escurrida; espolvoree con el queso parmesano y remueva.

Sirva el plato enseguida, bien caliente.

Timbal de tallarines con espárragos

Ingredientes para 4 personas:

- *500 g de tallarines*
- *1 kg de espárragos verdes*
- *1/2 vaso de aceite de oliva*
- *350 g de tomates*
- *1 vaso de nata líquida*
- *25 g de mantequilla*
- *50 g de queso emmenthal*
- *sal*
- *pimienta*

Corte las puntas a los espárragos, lávelas y deje que se escurran en un colador durante 5 minutos. El tallo puede reservarlo para cocinar otro plato.

A continuación, ponga en una cacerola el aceite y las puntas de los espárragos, dorándolas a fuego muy lento.

Escalde los tomates en agua hirviendo, pélelos, pártalos por la mitad, elimine las semillas, trocéelos, e incorpórelos al recipiente de los espárragos. Salpimente, remueva, y deje cocer durante 30 minutos.

Hierva la pasta en abundante agua salada, y escúrrala; viértala en una fuente, y condimente con la salsa preparada y con la nata líquida templada.

Unte con la mantequilla una fuente para horno, ponga en ella la pasta, espolvoreando con el queso emmenthal rallado, y hornee a 200 grados durante 16 minutos.

Sirva el plato enseguida, bien caliente.

Fettuccini del cazador

Ingredientes para 4 personas:

- *400 g de fetucccini*
- *350 g de setas*
- *2 cucharadas de aceite*
- *1 chalota*
- *50 g de bacon*
- *unas ramitas de salvia*
- *unas ramitas de albahaca fresca o 1/2 cucharada de albahaca seca*
- *unas ramitas de perejil*
- *60 g de mantequilla*
- *200 g de higaditos de pollo*
- *100 g de corazones de pollo*
- *1 copa de brandy*
- *1/2 vaso de vino blanco*
- *1/2 vaso de nata*
- *50 g de queso emmenthal*
- *sal y pimienta*

Limpie las setas, raspándolas con un cuchillo, y frotándolas con un paño húmedo, y córtelas en láminas que no sean demasiado finas.

Prepare, en una cacerola de barro, un sofrito con el aceite, la chalota, el bacon y las hierbas aromáticas, todo bien picado. Agregue las setas, y deje que se doren durante 5 minutos, removiendo a menudo; baje el fuego, y siga cociendo otros 15 minutos.

Añada los higaditos y los corazones de pollo, limpios y troceados; salpimente, riegue con el brandy y, cuando éste se haya evaporado, rocíe con el vino, y agregue la nata. Deje cocer durante 15 minutos.

Lleve a ebullición abundante agua salada, hierva en ella los fetuccini, y escúrralos.

Ponga la pasta en una fuente con la mantequilla, el queso emmenthal rallado y la salsa que ha preparado, y sirva todo caliente.

Tallarines con salmón

Ingredientes para 6 personas:

- *600 g de tallarines*
- *200 g de salmón ahumado*
- *3 cucharadas de aceite*
- *1 diente de ajo*
- *unas ramitas de perejil*
- *1/4 l de nata líquida*
- *sal pimienta*

En una cacerola pequeña, fría en el aceite el diente de ajo y retírelo cuando esté dorado. Agregue el salmón cortado en tiras, y espolvoree con el perejil picado. Rocíe con la nata líquida, salpimente, y déjelo espesar a fuego muy lento.

Hierva la pasta en abundante agua salada, y escúrrala. Póngala en una fuente, y condimente con la salsa de salmón, removiendo bien antes de servir.

Rizos napolitanos

Ingredientes para 4 personas:

- *500 g de rizos de pasta*
- *300 g de tomates pelados*
- *4 cucharadas de aceite de oliva*
- *2 dientes de ajo*
- *100 g de aceitunas verdes rellenas*
- *6 filetes de anchoa*
- *1 cucharada de orégano*
- *1 trocito de guindilla roja*
- *100 g de queso parmesano rallado*
- *sal y pimienta*

Cueza la pasta en una olla con abundante agua salada.

A continuación, desmenuce con un tenedor los tomates pelados.

Ponga al fuego una cacerola grande con el aceite y el ajo picado; salpimente, fríalo, y añada los tomates. Cuézalo con el recipiente tapado, a fuego lento, durante 15 minutos.

Transcurrido este tiempo, incorpore las aceitunas, los filetes de anchoa, el orégano y la guindilla picada, prosiguiendo la cocción durante 5 minutos más.

Escurra la pasta, y viértala en la cacerola, remueva bien, y mantenga el fuego al mínimo.

Retire del fuego, y espolvoree con el queso parmesano rallado antes de servir.

Macarrones a la boloñesa

Ingredientes para 4 personas:

- *500 g de macarrones*
- *3 cucharadas de aceite*
- *100 g de mortadela*
- *2 cucharadas de pan rallado*
- *100 g de queso parmesano rallado*
- *sal*
- *pimienta*

Ponga al fuego una olla con abundante agua salada, cueza en ella la pasta hasta que esté al dente, y escúrrala.

Mientras tanto, caliente en una sartén 2 cucharadas de aceite, y dore en él la mortadela, cortada finamente en tiras.

Agregue el pan rallado, remueva con una cuchara de madera, y deje que se dore, hasta que esté bien crujiente.

Una vez escurridos los macarrones, viértalos en una fuente para horno, untada con el resto del aceite, condiméntelos con la salsa, espolvoréelos con pimienta y el queso parmesano, gratine en el horno a 220 grados, durante 15 minutos, y sírvalo bien caliente.

Espaguetis con panceta

1

2

3

4

5

6

7

8

9

1. Ingredientes: espaguetis, cebolla, bacon, panceta, aceite de oliva, guindilla, tomates pelados, mantequilla, queso parmesano, sal y pimienta.
2. Pique la cebolla y póngala en una sartén con el aceite, dorándola durante 5 minutos.
3. Corte en taquitos el bacon y la panceta.
4. A continuación, añádalos a la cebolla.
5. Dore los ingredientes, removiendo a menudo.
6. Espolvoree con pimienta.
7. Incorpore en la sartén la guindilla y el tomate.
8. Vierta la pasta cocida en una fuente, con la salsa caliente.
9. Espolvoree con queso parmesano rallado, y sírvalo bien caliente.

Espaguetis con panceta

Ingredientes para 4 personas:

- *500 g de espaguetis*
- *1 cebolla*
- *70 g de bacon*
- *70 g de panceta*
- *1 vasito de aceite de oliva*
- *guindilla*
- *1 lata de 500 g de tomates pelados*
- *1 cucharada de mantequilla*
- *100 g de queso parmesano rallado*
- *sal*
- *pimienta*

Pique la cebolla, resérvela, y corte en taquitos el bacon y la panceta.

Ponga en una sartén el aceite y la cebolla, dórela a fuego lento, añada el bacon y la panceta, dejando que se doren bien, y espolvoree con pimienta. Agregue la guindilla y los tomates pelados, deshaciendo éstos con un tenedor; sale, y deje cocer a fuego medio, hasta que espese la salsa.

Mientras tanto, cueza la pasta y escúrrala; póngala en una fuente de servir, condimente con la mantequilla, vierta sobre ella la salsa muy caliente, y espolvoree con el queso parmesano rallado.

Sirva el plato enseguida, bien caliente.

Tallarines del duque

Ingredientes para 6 personas:

- *600 g de tallarines*
- *70 g de queso parmesano rallado*
- *100 g de mantequilla*
- *2 ó 3 cucharadas de caldo*
- *nuez moscada rallada*
- *1 trufa*
- *sal*
- *pimienta*

Ponga al fuego una olla con abundante agua salada, para la cocción de la pasta.

En una cacerolita, derrita la mantequilla, añada el queso, y remueva hasta que éste se haya fundido; dilúyalo con el caldo caliente, salpimente, y agregue una pizca de nuez moscada, a su gusto. Cueza a fuego lento hasta que espese la salsa, y retire la cacerola del fuego.

Limpie la trufa con un cepillito, lávela y séquela bien.

Cuando el agua para la pasta rompa a hervir, vierta en ella los tallarines, cuézalos y escúrralos. Póngalos en una fuente, condimente con la salsa, y distribuya por la superficie la trufa cortada en rodajitas.

Sirva el plato enseguida.

Timbal de tortellini

Ingredientes para 4 personas:

- *400 g de tortellini*
- *200 g de pasta de hojaldre*
- *2 dientes de ajo*
- *1 cebolla*
- *1 rama de apio*
- *1 zanahoria pequeña*
- *4 cucharadas de aceite*
- *70 g de mantequilla*
- *250 g de carne de ternera picada*
- *1/2 vaso de vino tinto*
- *50 g de harina*
- *1/2 l de leche*
- *150 g de higaditos de pollo*
- *50 g de queso parmesano rallado*
- *1 yema de huevo*
- *sal y pimienta*

Fría la cebolla, el ajo, la zanahoria y el apio bien picados, con 3 cucharadas de aceite; añada la carne y, cuando esté dorada, rocíe con el vino tinto; salpimente y añada 2 ó 3 cazos de agua. Cueza a fuego lento durante 40 minutos.

En una cacerola aparte, hierva en abundante agua salada los tortellini, y escúrralos.

Prepare una bechamel: derrita 50 g de mantequilla en un cazo, añada la harina y, sin dejar de remover, dilúyala con la leche, salpimente, y deje cocer durante 10 minutos.

Lave y trocee los higaditos de pollo, póngalos en una sartén a fuego vivo con el resto del aceite, agréguelos a la carne, y cueza los ingredientes durante 10 minutos.

Unte con el resto de la mantequilla una fuente para horno, y forre el fondo y los laterales de ésta con un disco de masa de hojaldre. Rellene con los tortellini condimentados con la carne, añada la bechamel, y espolvoree con el queso parmesano rallado.

Selle la superficie con otro disco de masa de hojaldre, doblando los bordes sobrantes de la masa del primer disco sobre este último, y procurando darle la forma de un cordoncito.

Con un pincel para cocina, extienda la yema de huevo batida sobre toda la superficie del timbal, hornee durante 30 minutos a 180 grados, y sirva enseguida.

Conchas con salsa de carne

Ingredientes para 4 personas:

- *500 g de conchas de pasta*
- *2 cucharadas de concentrado de carne*
- *1 taza de agua*
- *100 g de queso parmesano rallado*
- *50 g de queso emmenthal, en lonchas finas*
- *sal*

Hierva las conchas en abundante agua salada hirviendo, escúrralas y condiméntelas con el concentrado de carne diluido en el agua y el queso parmesano rallado.

Distribuya sobre la superficie las lonchitas de queso emmenthal y gratine durante 5 ó 6 minutos para que se dore.

Sirva el plato bien caliente.

Espaguetis con salchichas

Ingredientes para 4 personas:

- *500 g de espaguetis*
- *1/2 repollo*
- *200 g de salchichas frescas*
- *5 cucharadas de aceite de oliva*
- *1/2 vaso de vino blanco*
- *1 cazo de caldo de pastilla*
- *25 g de queso parmesano rallado*
- *sal y pimienta*

Trocee el repollo, lávelo, y póngalo en una olla con abundante agua salada hirviendo. Pasados 7 minutos, agregue la pasta.

Trocee las salchichas peladas y dórelas en una sartén con el aceite; rocíe con el vino blanco dejando que este último se evapore a fuego vivo; añada el caldo, y cueza durante 15 minutos, aproximadamente.

Cuando la pasta esté cocida, escúrrala con la verdura, y vierta los dos ingredientes en una fuente para servir. Condimente con las salchichas y su salsa, espolvoree con pimienta y con el queso rallado, remuévalo, y sirva el plato bien caliente.

Tallarines con guisantes

Ingredientes para 4 personas:

- *500 g de tallarines*
- *500 g de guisantes*
- *2 cucharadas de aceite*
- *1 diente de ajo*
- *1 cebolla pequeña*
- *caldo vegetal de pastilla*
- *50 g de queso parmesano rallado*
- *1/4 l de nata líquida*
- *sal*
- *pimienta*

Ponga al fuego una cacerola con el aceite, el ajo y la cebolla, todo picado. Cuando estén dorados, vierta los guisantes, y sazone con sal y pimienta. Remueva, agregue el caldo vegetal caliente, y cueza durante 30 minutos con el recipiente tapado.

Transcurridos 15 ó 20 minutos empiece a preparar la pasta, poniendo al fuego una olla con agua salada; cuando ésta rompa a hervir vierta los tallarines y, una vez cocidos, escúrralos. Vuelva a poner la pasta en la olla, condimente con los guisantes, el queso parmesano y la nata, y deje espesar esta última, poniendo al fuego la olla y removiendo rápidamente.

Traslade la pasta a una fuente, y sirva el plato bien caliente.

Macarrones con calabacines

Ingredientes para 4 personas:

- *500 g de macarrones*
- *500 g de calabacines*
- *2 dientes de ajo*
- *unas ramitas de perejil*
- *5 cucharadas de aceite de oliva*
- *orégano*
- *50 g de queso parmesano rallado*
- *sal*
- *pimienta molida*

Lave y corte en taquitos los calabacines. Pique el ajo y el perejil, y fríalos con el aceite en una cazuela que sea lo suficientemente grande como para contener los calabacines. Cuando esté listo el sofrito, añada los calabacines, salpimente, y espolvoree con orégano. Tape el recipiente, y cueza a fuego lento durante 15 ó 20 minutos. Si la salsa se espesa demasiado, diluya con un poco de agua.

Mientras tanto, hierva la pasta en abundante agua salada hirviendo, escúrrala, y póngala en una fuente de servir, condimentándola con los calabacines bien calientes.

Espolvoree con orégano, el queso parmesano rallado, y sirva enseguida.

Espaguetis con salsa cruda

Ingredientes para 4 personas:

- *500 g de espaguetis*
- *500 g de tomates maduros*
- *50 g de aceitunas verdes, deshuesadas*
- *50 g de alcaparras*
- *1 trozo de guindilla roja*
- *unas ramitas de perejil*
- *2 dientes de ajo*
- *1 vaso de aceite*
- *100 g de queso parmesano rallado*
- *sal*

Pele los tomates, escaldándolos en agua hirviendo, córtelos por la mitad, elimine las semillas, trocéelos, y póngalos en un cuenco. Añada las aceitunas troceadas, las alcaparras y la guindilla picada. Pique el ajo y el perejil, y agréguelos a los demás ingredientes.

Vierta en el cuenco el aceite, sale, tape el recipiente, y deje que se macere durante toda la noche en un lugar fresco. Al día siguiente, vierta la salsa sobre los espaguetis cocidos y calientes, espolvoreándolos con el queso.

Ñoquis de Philadelphia

Ingredientes para 4 personas:

- *500 g de ñoquis*
- *40 g de mantequilla*
- *1 paquete de queso de Philadelphia*
- *1/4 l de nata líquida*
- *100 g de queso parmesano rallado*
- *sal*

Hierva la pasta en abundante agua salada.

Prepare la salsa: derrita en una sartén la mantequilla con el queso de Philadelphia, y diluya con la nata, hasta obtener una crema.

Escurra la pasta, póngala en una fuente y vierta sobre ella la salsa, espolvoreando con el queso rallado.

Sírvala caliente.

Conchas a la inglesa

Ingredientes para 4 personas:

- *500 g de conchas de pasta*
- *1 cebolla pequeña*
- *4 cucharadas de aceite*
- *400 g de cadera de ternera, troceada*
- *1 cucharada de harina*
- *2 yemas de huevo*
- *el zumo de 1 limón*
- *100 g de queso parmesano rallado*
- *sal*
- *pimienta*

Pique finamente la cebolla, y dórela en una sartén con el aceite.

A continuación, añada los trozos de carne pasados por harina, salpimente y, al cabo de 5 minutos, añada un poco de agua; tape el recipiente y siga la cocción durante 20 minutos. Procure que el líquido de cocción no se evapore demasiado.

Pasado este tiempo, añada las yemas, previamente batidas con el zumo de limón, remueva, y apague el fuego, para que el huevo forme una crema densa.

Cueza la pasta en agua hirviendo, escúrrala, póngala en una fuente de servir, y condiméntela con la carne, la salsa y el queso parmesano rallado. Sirva enseguida bien caliente.

Pavo salteado con pasta fresca

1

1. Ingredientes: filetes de pavo, pasta fresca, nata, caldo de ave, cebolleta, pimiento verde, aceite de oliva, sal y pimienta blanca.
2. Salpimente y dore los filetes de pavo durante 2 minutos.
3. Saltee la cebolleta y el pimiento. A continuación moje con el caldo y deje reducir a la mitad.

2

3

4

5

6

4. Añada la nata y remueva. Deje que cueza unos momentos.
5. Agregue los filetes y cueza 10 minutos. Por otro lado, cueza la pasta en agua hirviendo con sal.
6. Monte los platos con los filetes de pavo y la pasta, salseando por encima.

Pavo salteado con pasta fresca

Ingredientes para 4 personas:

- *4 filetes de pavo*
- *125 g de pasta fresca*
- *1/4 l de nata*
- *1 vasito de caldo de ave*
- *1 cebolleta*
- *1 pimiento verde*
- *4 cucharadas de aceite de oliva*
- *sal y pimienta blanca*

Salpimente y dore los filetes de pavo durante 2 minutos. Sáquelos y resérvelos.

Saltee a continuación la cebolleta y el pimiento hasta que estén blanditos. Moje con el caldo y deje cocer hasta que se reduzca a la mitad.

Añada la nata y siga la cocción unos minutos más. Introducir los filetes y dejar cocer 10 minutos.

Aparte, cueza la pasta en una cacerola con abundante agua con sal. Escúrrala.

Monte los platos con la pasta entremezclada con los filetes y salsee por encima.

Espaguetis con salsa Worcester

Ingredientes para 4 personas:

- *500 g de espaguetis*
- *100 g de bacon*
- *5 cucharadas de aceite de oliva*
- *1 cebolla*
- *1/2 guindilla roja*
- *salsa Worcester*
- *1 vaso de nata líquida*
- *sal*

Ponga al fuego una olla con abundante agua salada, hierva los espaguetis, y escúrralos.

Mientras tanto, corte en tiras el bacon, y póngalo en una cacerola con el aceite, la cebolla y la guindilla picadas finamente. Cuando el bacon esté tostado, rocíe con la salsa Worcester, y remueva bien.

Incorpore a la cacerola los espaguetis y la nata, remueva, y sirva muy caliente.

Macarrones sabrosos

Ingredientes para 4 personas:

- *400 g de macarrones*
- *350 g de champiñones*
- *el zumo de 1 limón*
- *1 cebolla*
- *1 diente de ajo*
- *6 cucharadas de aceite de oliva*
- *300 g de salchichas frescas*
- *500 g de tomates pelados*
- *100 g de queso parmesano rallado*
- *sal y pimienta*

Limpie los champiñones, desechando la parte inferior de su tallo; lávelos bajo el chorro de agua, y póngalos en un cuenco con agua y el zumo de limón.

Pique la cebolla y el ajo, dórelos en una cazuela grande con el aceite; añada los champiñones cortados en láminas, y fríalos a fuego vivo durante 5 minutos. Baje el fuego al mínimo, y siga la cocción hasta que la mayor parte del agua se haya evaporado.

Agregue las salchichas peladas y troceadas y, cuando éstas estén bien doradas, incorpore los tomates troceados. Salpimente y cueza durante 30 minutos con la cazuela tapada parcialmente.

Hierva la pasta, escúrrala, y condiméntela con la salsa preparada.

Colóquela en una fuente para horno, espolvoree con el queso parmesano rallado, gratine en el horno durante 20 minutos, y sírvala muy caliente.

Rizos con setas

Ingredientes para 4 personas:

- *500 g de rizos de pasta*
- *400 g de setas*
- *200 g de bacon*
- *1 diente de ajo*
- *2 cucharadas de aceite de oliva*
- *caldo de pastilla*
- *unas ramitas de perejil, picado*
- *100 g de queso parmesano rallado*
- *sal y pimienta*

Limpie muy bien las setas, lávelas, séquelas y córtelas en láminas.

Ponga al fuego una sartén con el bacon cortado en taquitos, el diente de ajo picado y el aceite; dórelo e incorpore las setas. Salpimente, y cocínelo a fuego medio durante 20 minutos.

Añada de vez en cuando el caldo, que servirá para formar la salsa.

Cueza la pasta en agua salada hirviendo, escúrrala, y mézclela con la salsa, el perejil y el queso. Sírvalo en una fuente.

Espaguetis con caviar y nata

Ingredientes para 4 personas:

- *500 g de espaguetis*
- *100 g de mantequilla*
- *1/4 l de nata*
- *1 tarrito de sucedáneo de caviar*
- *1 cucharadita de pimienta recién molida*
- *sal*

Hierva la pasta en una cacerola con abundante agua salada y escúrrala, reservando un cazo del agua de cocción. Viértala otra vez en la cacerola, añada el cazo de agua, remueva hasta que los espaguetis hayan absorbido la mayor parte del líquido, y resérvelos.

Derrita en una sartén grande la mitad de la mantequilla; agregue la nata, remueva con cuidado, y deje que espese a fuego vivo.

A continuación, ponga el fuego al mínimo, añada el caviar, y siga la cocción hasta que se oscurezca la salsa.

Vierta la pasta en la sartén, agregue la mantequilla restante y la pimienta, y sírvala bien caliente.

Macarrones romanos

Ingredientes para 4 personas:

- *500 g de macarrones*
- *4 cucharadas de aceite de oliva*
- *50 g de panceta*
- *1 cebolla*
- *1 diente de ajo*
- *1 guindilla*
- *100 g de requesón*
- *10 aceitunas verdes deshuesadas*
- *50 g de queso parmesano rallado*
- *50 g de queso de oveja rallado*
- *sal*

Ponga al fuego, en una olla, abundante agua salada, llevándola a ebullición.

En una sartén, caliente el aceite, dore la panceta picada, agregue la cebolla y el ajo pelados y picados, junto con la guindilla, y dore todos los ingredientes a fuego muy lento.

Mientras tanto, cueza la pasta, y escúrrala.

Bata el requesón y agregue las aceitunas.

Vierta la pasta en una fuente de servir, y condiméntela con el requesón y las aceitunas, la salsita caliente y el queso parmesano y de oveja. Mezcle rápidamente, y sírvalo enseguida.

Tallarines con bacon

Ingredientes para 4 personas:

- *500 g de tallarines*
- *1/2 vaso de aceite de oliva*
- *100 g de bacon*
- *1 guindilla roja*
- *5 tomates pelados*
- *100 g de queso parmesano rallado*
- *sal y pimienta*

Ponga al fuego una cacerola con el aceite y el bacon troceado, y dórelo. Añada la guindilla picada y los tomates aplastados con un tenedor. Deje que se espese, y salpimente.

Mientras tanto, hierva la pasta; escúrrala, y póngala en una fuente de servir, condimentándola con la salsa picante.

Espolvoree con el queso parmesano rallado, y sirva enseguida.

Canelones royal

Ingredientes para 4 personas:

- *12 láminas de canelones al huevo*
- *50 g de setas secas*
- *70 g de mantequilla*
- *50 g de harina*
- *1/2 l de leche*
- *200 g de gambas peladas*
- *el zumo de 1 limón*
- *150 g de queso parmesano rallado*
- *sal y pimienta*

Ponga las setas en remojo en agua templada. Cueza los canelones en agua hirviendo, escúrralos cuando estén sin cocer del todo, sumérjalos inmediatamente en agua fría, para detener la cocción, y póngalos a secar sobre un paño limpio.

En una sartén aparte, prepare una bechamel: derrita 50 g de mantequilla, y agregue la harina, removiendo rápidamente con una cuchara de madera, para eliminar posibles grumos; diluya con la leche caliente, salpimente, y deje hervir muy despacio durante 10 minutos, sin dejar de remover. Retírela del fuego, ponga la mitad de la bechamel en un cuenco y reserve la otra mitad.

Lave y seque las setas, y agréguelas a la bechamel del cuenco, añada las gambas, el zumo de limón y 100 g de queso rallado.

Rellene los canelones con el preparado, y colóquelos en una fuente para horno untada con la mantequilla restante. Cúbralos con la bechamel reservada, y espolvoree la superficie con el queso parmesano rallado restante.

Introduzca la fuente en el horno a 200 grados, gratine durante 30 minutos, y sírvalo en el mismo recipiente de cocción.

Ñoquis con higaditos

Ingredientes para 4 personas:

- *500 g de ñoquis*
- *1 cebolla*
- *1 diente de ajo*
- *5 cucharadas de aceite de oliva*
- *4 hojas de salvia*
- *300 g de higaditos de pollo y conejo*
- *1/2 vaso de vino blanco*
- *1/2 vaso de caldo*
- *1/4 l de nata líquida*
- *sal y pimienta*

Pique la cebolla y el ajo, y dórelos en una cacerola grande con el aceite; añada la salvia y los higaditos bien limpios y troceados, dórelos durante unos minutos más a fuego vivo, y rocíe con el vino blanco.

Cuando éste se haya evaporado, añada el caldo, salpimente, riegue con la nata líquida, y deje que espese.

Mientras tanto, hierva la pasta en abundante agua salada, escúrrala, y póngala al fuego en la cazuela con el condimento durante 2 minutos.

Remueva con cuidado, y sirva bien caliente.

Tallarines del guardabosques

Ingredientes para 4 personas:

- *500 g de tallarines verdes*
- *500 g de champiñones*
- *4 cucharadas de aceite de oliva*
- *1 diente de ajo*
- *unas ramitas de perejil*
- *50 g de jamón cocido, en una sola loncha*
- *100 g de aceitunas negras*
- *1 cucharada de mantequilla*
- *100 g de queso parmesano rallado*
- *3 cucharadas de nata líquida*
- *sal y pimienta*

En primer lugar, limpie y lave los champiñones, córtelos en láminas y fríalos en una sartén con el aceite, el diente de ajo y el perejil picados, y salpimente.

Cuando el líquido de los champiñones se haya evaporado casi por completo, añada el jamón cortado en taquitos, las aceitunas negras deshuesadas y troceadas, y remueva bien, continuando la cocción durante 5 minutos a fuego lento.

Mientras tanto, hierva la pasta en abundante agua salada, escúrrala, póngala en una fuente, y vierta sobre ella el condimento caliente, añadiendo la mantequilla, el queso parmesano rallado y la nata.

Remueva varias veces todos los ingredientes antes de servir.

Ragout de cordero con pasta

1

2

3

4

1. Ingredientes: tallarines frescos, paletillas de cordero, pimiento verde, pimiento rojo, cebolletas, aceite de oliva, tomillo y romero, vino fino, harina, sal y pimienta.
2. Saltee el cordero troceado y salpimentado de 2 a 3 minutos.
3. Añada todas las verduras finamente picadas.
4. Salpimente, añada el tomillo, el romero y la harina. Remueva.

5

6

7

8

5. Moje con el vino y deje reducir a la mitad.
6. Añada el caldo y deje cocer una hora. Probar el sazonamiento y rectificar.

7. Ponga a cocer la pasta en abundante agua salada hirviendo.
8. Disponga la pasta en los platos y cubra con ragout. Sirva caliente.

Ragout de cordero con pasta

Ingredientes para 4 personas:

- *3 paletillas de cordero deshuesadas y troceadas*
- *125 g de pasta fresca*
- *1 pimiento verde*
- *1 pimiento rojo*
- *2 cebolletas*
- *4 cucharadas de aceite de oliva*
- *tomillo*
- *romero*
- *1 cucharada de harina*
- *1 copa de fino*
- *sal y pimienta blanca*

Saltee los trozos de cordero sazonados en el aceite, de 2 a 3 minutos.

Añada los pimientos limpios, despepitados y troceados menudos, junto con las cebolletas peladas y picadas. Sofría durante unos minutos; a continuación, salpimente, añada una pizca de tomillo y de romero y la harina. Remueva para que ésta se tueste un poco.

Moje con el vino y deje cocer hasta que se reduzca a la mitad.

Moje después con el caldo y continúe la cocción durante 1 hora, rectificando el sazonamiento si es necesario.

Cueza la pasta en agua hirviendo con sal y, cuando esté lista, escúrrala.

Disponga la pasta en los platos y cúbrala con el ragout.

Sirva bien caliente.

Espaguetis alpinos

Ingredientes para 4 personas:

- *500 g de espaguetis*
- *100 g de mantequilla*
- *100 g de queso parmesano rallado*
- *1/2 vaso escaso de caldo de carne*
- *1 trufa*
- *sal*
- *pimienta*

En primer lugar, ponga al fuego una cacerola grande con abundante agua salada; cuando rompa a hervir, vierta en ella los espaguetis, cuézalos al dente, y escúrralos en un colador.

Mientras se cuecen, derrita la mantequilla en una sartén pequeña, hasta que tome color. Viértala en una fuente de servir, añada el queso parmesano, dilúyalo con el caldo, y salpimente.

Ponga la pasta en la fuente, removiendo bien, y coloque sobre la superficie la trufa cortada en láminas, que previamente habrá frotado y limpiado con un cepillo y un paño húmedo.

Sirva el plato enseguida, bien caliente.

Conchas con judías

Ingredientes para 4 personas:

- *500 g de conchas de pasta*
- *500 g de tomates maduros*
- *7 cucharadas de aceite de oliva*
- *1 cebolla*
- *1 bote de 250 g de judías al natural*
- *unas ramitas de perejil*
- *sal*
- *pimienta*

Ponga al fuego una olla con abundante agua salada, llévela a ebullición, cueza en ella la pasta al dente, y escúrrala.

Escalde los tomates con agua hirviendo, pélelos, pártalos por la mitad, elimine las semillas y córtelos en tiras finas.

En una sartén prepare un sofrito con la cebolla finamente picada y el aceite.

A continuación, agregue los tomates, deshaciéndolos con un tenedor; salpimente, y deje que se espese.

Escurra las judías del líquido de conservación, agréguelas a la salsa, y espolvoree con pimienta y perejil picado. Remuévalo, y vierta en la sartén la pasta bien escurrida.

Retírelo del fuego, y sírvalo enseguida muy caliente.

Rizos con alcachofas

Ingredientes para 4 personas:

- *500 g de rizos de pasta*
- *6 alcachofas*
- *el zumo de 1 limón*
- *2 dientes de ajo*
- *unas ramitas de perejil*
- *3 cucharadas de aceite de oliva*
- *caldo de pastilla*
- *4 huevos*
- *40 g de queso parmesano rallado*
- *sal y pimienta*

Corte las puntas de las alcachofas, deseche el tallo y las hojas más duras, y ábralas por la mitad; córtelas en gajos, y póngalas en un cuenco con agua y el zumo de limón.

Pique finamente el ajo y el perejil, viértalos en una cacerola de barro, y dórelos a fuego medio con el aceite.

Agregue las alcachofas bien escurridas, salpimente, y déjelas cocer durante 4 ó 5 minutos.

Riegue con un cazo de caldo, y siga la cocción durante 25 ó 30 minutos, removiendo a menudo, y añadiendo, si es necesario, un poco más de caldo.

Cueza la pasta en agua salada hirviendo, y escúrrala.

Casque los huevos en un cuenco, sazónelos, y bátalos.

Ponga los rizos de pasta, los huevos y el queso parmesano en la cacerola con las alcachofas. Remueva rápidamente, hasta que los huevos formen una crema densa, y sirva enseguida en el mismo recipiente.

STAR

Espaguetis clásicos

Ingredientes para 4 personas:

- *500 g de espaguetis*
- *1/2 vaso de aceite de oliva*
- *1 cebolla*
- *2 dientes de ajo*
- *500 g de tomates pelados*
- *1 guindilla roja*
- *1 cucharada de perejil picado*
- *150 g de queso parmesano rallado*
- *sal y pimienta*

Lleve a ebullición abundante agua salada en una olla, para cocer la pasta.

Dore en una sartén con el aceite la cebolla y el ajo picados, añada los tomates tamizados, salpimente y agregue la guindilla y el perejil picado.

Cuando la salsa se haya espesado, viértala sobre la pasta cocida y escurrida.

Espolvoree con el queso parmesano rallado, remueva, y sirva enseguida.

Espaguetis con habas

Ingredientes para 4 personas:

- *500 g de espaguetis*
- *1 kg de habas frescas*
- *50 g de mantequilla*
- *6 cucharadas de aceite*
- *1 cebolla pequeña*
- *caldo de pastilla*
- *50 g de queso parmesano rallado*
- *sal y pimienta*

En primer lugar, prepare las habas, desechando su cáscara.

En una sartén, fría la cebolla picada con el aceite; dórelo bien, y añada las habas.

A continuación, rocíe con un cazo de caldo caliente, condimente con sal y pimienta, y cuézalo hasta que el líquido se haya evaporado casi por completo.

Hierva los espaguetis en una cacerola con abundante agua salada, procurando que estén listos al mismo tiempo que las habas; escúrralos, y viértalos en una fuente de servir, añadiendo la mantequilla, las habas y el queso parmesano rallado. Remueva con cuidado, y sirva los "Espaguetis con habas" bien calientes.

Macarrones endiablados

Ingredientes para 4 personas:

- *500 g de macarrones*
- *1 diente de ajo*
- *unas ramitas de romero*
- *1 cebolla*
- *1/2 vaso de aceite de oliva*
- *20 g de mantequilla*
- *75 g de aceitunas verdes*
- *75 g de aceitunas negras*
- *1 lata de atún en aceite*
- *300 g de tomates pelados*
- *pan rallado*
- *100 g de queso parmesano rallado*
- *sal*

Cueza la pasta en una olla con abundante agua salada hirviendo.

Mientras tanto, pique el ajo con la cebolla y el romero, y póngalo todo en una sartén con el aceite; cuando hayan tomado color, añada las aceitunas, deshuesadas y cortadas en rodajitas, y el atún desmenuzado; agregue los tomates, sale, y deje espesar la salsa.

Cuando esté cocida la pasta, escúrrala en un colador.

Unte con la mantequilla una fuente para horno y forme, en primer lugar, una capa de pasta; a continuación, vierta sobre ésta un poco de salsa, y espolvoree con la mitad del queso parmesano; repita la operación, procurando terminar con la salsa y el resto del queso parmesano; espolvoree con abundante pan rallado, gratine en el horno durante 15 ó 20 minutos, aproximadamente, y sírvalo.

Tallarines con jamón cocido y setas

Ingredientes para 4 personas:

- *500 g de tallarines*
- *250 g de setas*
- *4 cucharadas de aceite*
- *1 diente de ajo*
- *150 g de jamón cocido*
- *1 copita de brandy*
- *nuez moscada*
- *40 g de queso parmesano rallado*
- *sal y pimienta*

Limpie bien las setas, lávelas, córtelas en rodajas y póngalas en una cazuela, donde habrá dorado el ajo con el aceite. Fría durante 10 minutos, y añada el jamón cortado en taquitos; rocíe con el brandy, salpimente, y espolvoree con nuez moscada. Cueza a fuego lento durante 20 minutos.

Mientras tanto, hierva la pasta, escúrrala, y viértala en la cazuela con las setas. Remueva los ingredientes varias veces, agregando el queso parmesano rallado antes de servir.

Tortellini mil aromas

Ingredientes para 4 personas:

- *500 g de tortellini*
- *1 ramita de romero fresco*
- *1 ramita de salvia fresca*
- *1 ramita de perejil fresco*
- *1 ramita de albahaca fresca o 1/2 cucharada de albahaca seca*
- *100 g de mantequilla*
- *1/4 l de nata líquida*
- *sal y pimienta blanca molida*

Hierva los tortellini durante 15 minutos en una cacerola con abundante agua salada. Lave y pique finamente las especias.

Ponga al fuego una sartén grande con la mantequilla y, cuando ésta esté derretida, añada las especias, y déjelas cocer a fuego muy lento, procurando que no se resequen. Agregue una tercera parte de la nata, y siga la cocción durante 3 minutos.

Vierta en la sartén los tortellini, sin escurrir del todo, y remueva varias veces; incorpore el resto de la nata, y déjelos cocer a fuego vivo durante 2 minutos.

Espolvoree con una cucharadita de pimienta blanca molida, y sale ligeramente.

Vierta el preparado en una fuente, y sírvalo bien caliente.

Raviolis con jamón

Ingredientes para 4 personas:

- *500 g de raviolis*
- *1 zanahoria*
- *3 ramas de apio*
- *1/2 cebolla pequeña*
- *150 g de jamón cocido, en 1 loncha*
- *2 cucharadas de tomate triturado en conserva*
- *1 cazo de caldo*
- *100 g de queso parmesano rallado*
- *5 cucharadas de aceite de oliva*
- *sal y pimienta*

Pique finamente la zanahoria, el apio y la cebolla; póngalo todo en una sartén con el aceite y la loncha de jamón cortada en taquitos. Fríalo a fuego muy lento, agregue el tomate triturado con el caldo caliente, salpimente, y cuézalo a fuego medio durante 20 minutos.

Ponga la pasta en abundante agua salada hirviendo, escúrrala, y viértala en una fuente o directamente en los platos.

Condiméntela con la salsa, removiéndolo muy bien, espolvoree con el queso parmesano, y sírvalo enseguida.

Tallarines amapola

1

2

3

4

5

6

7

1. Ingredientes: tallarines, almendras peladas, semillas de amapola, mantequilla, nata líquida, sal y pimienta.
2. Tueste las almendras durante 5 minutos, a fuego medio, sin dejar de remover.
3. Machaque las semillas de amapola.
4. Lleve a ebullición el agua salada, y ponga a cocer en ella la pasta.
5. Derrita la mantequilla en una sartén grande, agréguele las almendras tostadas y las semillas de amapola, dejando que se doren durante 2 minutos, y añada la nata líquida.
6. Escurra la pasta cuando esté al dente.
7. Vierta la pasta en la sartén, remueva varias veces, espolvoree con abundante pimienta, y sirva rápidamente.

Tallarines amapola

Ingredientes para 4 personas:

- *500 g de tallarines*
- *100 g de almendras peladas*
- *2 cucharadas de semillas de amapola*
- *50 g de mantequilla*
- *50 g de nata líquida*
- *sal y pimienta*

Ponga las almendras peladas en una sartén antiadherente, y tuéstelas al fuego durante 5 minutos, sin dejar de remover con una cuchara de madera; retírelas del fuego y resérvelas.

Machaque las semillas de amapola.

Caliente abundante agua salada en una cacerola grande; cuando rompa a hervir, cueza en ella la pasta, y escúrrala.

Derrita la mantequilla en una sartén que sea lo suficientemente grande como para contener toda la pasta, agregue las almendras reservadas y las semillas de amapola, remueva bien, y añada la nata líquida.

Deje que hierva un par de minutos, y vierta la pasta sobre esta salsa.

Remueva muy bien, espolvoree con pimienta, y sirva bien caliente.

Ñoquis con gorgonzola

Ingredientes para 4 personas:

- *500 g de ñoquis*
- *30 g de mantequilla*
- *150 g de queso de gorgonzola*
- *1 cucharadita de azúcar*
- *1 vaso de nata*
- *1 cucharadita de tomate triturado*
- *sal*

Ponga al fuego una olla con abundante agua salada, para cocer los ñoquis.

Mientras tanto, derrita en una cacerola la mantequilla, agregándole el queso troceado. Deje que se derrita a fuego muy lento, removiendo con una cuchara de madera, y añada el azúcar, la nata, poco a poco, y el tomate, para dar al condimento un ligero color rosado.

Cuando el agua rompa a hervir, vierta la pasta en la olla. Cuando esté cocida, escúrrala y colóquela en una fuente de servir, condimentando con la salsa rosada.

Sirva el plato enseguida, bien caliente.

Rizos con champiñones

Ingredientes para 4 personas:

- *500 g de rizos de pasta*
- *350 g de champiñones en láminas*
- *4 cucharadas de aceite de oliva*
- *25 g de mantequilla*
- *1 copita de brandy*
- *1 diente de ajo*
- *1/2 vaso de nata líquida*
- *50 g de queso parmesano rallado*
- *sal y pimienta*

Caliente en una sartén el aceite, dore en ella el ajo y los champiñones, previamente lavados, durante 6 ó 7 minutos y, rocíelos con el brandy dejando que se evapore. Salpimente y cueza durante 20 minutos más a fuego lento.

Mientras tanto, hierva la pasta, en abundante agua salada y escúrrala. Vierta los rizos de pasta en una fuente de servir, y agregue la salsa de champiñones, la nata y la mantequilla fresca. Remuévalo bien, espolvoree con el queso parmesano rallado, y sírvalo enseguida.

Lazos con nata y guisantes

Ingredientes para 4 personas:

- *500 g de lazos de pasta*
- *500 g de guisantes*
- *1 cebolla*
- *3 cucharadas de aceite de oliva*
- *50 g de mantequilla*
- *100 g de jamón cocido en taquitos*
- *2 cazos de caldo de pastilla*
- *1 vaso de nata líquida*
- *200 g de queso parmesano rallado*
- *sal*

Ponga al fuego una cazuela con la cebolla picada, el aceite, la mantequilla, y el jamón cortado en taquitos; dórelo, añada los guisantes, y cocine durante 10 minutos.

Rocíe con un cazo de caldo, sazone y termine la cocción añadiendo más caldo, si la salsa está demasiado espesa.

Cueza la pasta, escúrrala, póngala en un cuenco, y condiméntela con los guisantes, la nata templada, y el queso parmesano rallado. Remuévalo bien, y sirva el plato enseguida.

Cazuela de fideos

Ingredientes para 4 personas:

- *100 g de garbanzos cocidos*
- *100 g de chorizo de guisar*
- *200 g de fideos gruesos*
- *2 tomates pelados*
- *2 dientes de ajo*
- *1 pimiento rojo*
- *250 g de costillar de cerdo*
- *2 tazas de caldo de carne, de pastilla*
- *6 cucharadas de aceite de oliva*
- *sal*

Quite la piel al chorizo y píquelo menudo; pele y pique el diente de ajo; corte en trozos la carne de cerdo.

Caliente el aceite en una cazuela de paredes bajas o paellera y rehogue el ajo, los tomates troceados menudos y el pimiento, lavado y cortado en tiras; agregue luego el picadillo de chorizo y saltéelo durante 1 minuto.

A continuación añada la carne de cerdo y saltéela durante 2 minutos más.

Moje con el caldo y lleve a ebullición; incorpore los garbanzos cocidos y deje que se calienten en el caldo. Sazone.

Por último, añada los fideos y deje cocer el conjunto durante 8 a 10 minutos o hasta que los fideos absorban el líquido.

Deje reposar unos minutos y sirva caliente.

Rizos con setas y trufas

Ingredientes para 4 personas:

- *500 g de rizos de pasta*
- *1 cucharada de mantequilla*
- *4 cucharadas de aceite de oliva*
- *2 hojitas de salvia*
- *1 cebolla picada*
- *400 g de setas, cortadas en láminas*
- *2 cazos de caldo*
- *1 trufa, cortada en láminas*
- *sal y pimienta*

Hierva la pasta al dente en una cacerola con abundante agua salada.

Ponga al fuego una cazuela con el aceite, la salvia y la cebolla. Deje que se doren, y añada las setas bien limpias. Al cabo de 3 minutos, salpimente, rocíe con el caldo, y cocínelo durante 20 minutos.

Escurra la pasta, viértala en un cuenco, y condiméntela con las setas y la mantequilla. Remuévalo bien, distribuya sobre la superficie las láminas de trufa, y sirva el plato bien caliente.

Tallarines picantes

Ingredientes para 4 personas:

- *500 g de tallarines*
- *1/2 vaso de aceite de oliva*
- *1 guindilla roja*
- *4 dientes de ajo*
- *sal*
- *pimienta molida*

Cueza la pasta al dente en una cacerola con abundante agua salada.

Unos 2 ó 3 minutos antes de escurrirla, ponga al fuego una sartén con el aceite, la guindilla finamente picada y 3 dientes de ajo ligeramente aplastados con un tenedor; caliente a fuego muy lento el condimento, procurando que el ajo no se dore.

Mientras tanto, frote enérgicamente, con el otro diente de ajo, la fuente de servir en la que colocará la pasta.

En cuanto la pasta esté cocida, viértala en la fuente, condimentándola con el preparado muy caliente. Remueva varias veces, salpimente en abundancia y vuelva a remover.

Sirva el plato en la mesa, dejando que los comensales espolvoreen la pasta con pimienta molida, si lo desean.

Conchas al horno

Ingredientes para 4 personas:

- *500 g de conchas de pasta*
- *2 cucharadas abundantes de albahaca fresca*
- *1 cucharada de perifollo*
- *100 g de pan rallado*
- *500 g de tomates en conserva*
- *60 g de mantequilla*
- *1 cucharada de aceite de oliva*
- *sal*
- *pimienta*

Ponga en un cuenco la albahaca y el perifollo picados, el pan rallado, y una pizca de sal y de pimienta, y mézclelo.

Trocee los tomates bien escurridos del líquido de conserva, reserve la mitad, distribuya el resto en una fuente para horno untada con mantequilla, y extienda sobre los tomates una parte del condimento preparado.

A continuación, hierva la pasta, en una cacerola grande con abundante agua salada, escúrrala, condiméntela con la mantequilla restante, y viértala en la fuente de horno; cúbrala con los tomates reservados, el resto del condimento y rocíe con el aceite.

Hornee durante 20 minutos a 220 grados, y sirva inmediatamente.

Nº 543748 serie E
FONTANAROSSA

Tortellini con anchoas

Ingredientes para 4 personas:

- *500 g de tortellini*
- *1/2 vaso escaso de aceite*
- *1 cebolla pequeña*
- *2 dientes de ajo*
- *unas ramitas de perejil*
- *12 filetes de anchoa*
- *2 cucharadas de tomate triturado*
- *1/2 vaso de agua*
- *50 g de alcaparras*
- *100 g de aceitunas verdes*
- *sal*

Hierva los tortellini en una cacerola con abundante agua salada.

Mientras tanto, prepare la salsa: dore la cebolla y los dientes de ajo picados en una cacerola con el aceite caliente. Agregue el perejil picado y los filetes de anchoa, aplastándolos con un tenedor para deshacerlos. Disuelva el tomate triturado en el agua, incorpórelo a los demás ingredientes, remueva con una cuchara de madera, y déjelo espesar; añada las alcaparras y las aceitunas deshuesadas y troceadas.

La salsa deberá estar lista al mismo tiempo que los tortellini.

A continuación, escurra la pasta, póngala en una fuente de servir y condimente con la salsa de anchoas.

Sirva el plato enseguida.

Rizos con espinacas

Ingredientes para 4 personas:

- *500 g de rizos de pasta*
- *500 g de espinacas*
- *5 cucharadas de aceite de oliva*
- *2 ó 3 cucharadas de perejil picado*
- *unas ramitas de albahaca*
- *200 g de nata líquida*
- *100 g de queso parmesano rallado*
- *sal y pimienta blanca molida*

Limpie y cueza las espinacas en una cacerola con poquísima agua fría.

Ponga al fuego otra cacerola con el aceite, y añada el perejil y la albahaca, después de haberlos lavado bien. Salpimente, sofríalo durante unos minutos, a fuego muy bajo, y añada las espinacas tamizados.

Dore al fuego durante 5 minutos, agregue la nata, y retírelo del fuego.

En otra cacerola, cueza los rizos de pasta en abundante agua salada hirviendo, escúrralos, y viértalos en una fuente de servir, condimentándolos con la verdura.

Espolvoree con el queso parmesano rallado, y remuévalo bien: la pasta se teñirá de verde.

Sirva el plato bien caliente.

Espaguetis con trufas

1

1. Ingredientes: espaguetis, trufa, aceite de oliva virgen extra, ajo, filetes de anchoa y sal.
2. Limpie bien la trufa con un cepillo, si es fresca, y píquela finamente.
3. Ponga en una cacerola el aceite, deje que se caliente un poco, retírela del fuego, y agréguele la trufa, sin dejar de remover, hasta obtener una salsa homogénea.

2

3

4

5

6

4. Vuelva a poner al fuego la cacerola, añada el diente de ajo, partido por la mitad, y los filetes de anchoa, sin dejar de remover.

5. Cueza la pasta al dente y, una vez escurrida, viértala en la fuente de servir.

6. Condiméntela con la salsa, y sirva enseguida.

Espaguetis con trufas

Ingredientes para 4 personas:

- *500 g de espaguetis*
- *1 trufa grande*
- *1/2 vaso de aceite de oliva virgen extra*
- *1 diente de ajo*
- *2 filetes de anchoa en aceite*
- *sal*

Si utiliza una trufa fresca, deberá limpiarla con cuidado, cepillándola bajo el chorro de agua, y eliminando todo resto de tierra. Sin embargo, si utiliza una trufa enlatada, será suficiente con que la escurra bien, desechando el líquido de conservación.

Caliente el aceite en una cacerola pequeña, retire ésta del fuego, y agréguele la trufa picada finamente, removiendo hasta obtener una salsita homogénea.

Vuelva a poner la cacerola a fuego muy lento, y añada el diente de ajo, partido por la mitad, y los filetes de anchoa. Remueva varias veces, procurando deshacer los filetes de anchoa, y deje cocer la salsa durante algunos segundos, sin que llegue nunca a hervir. Sazone si fuera necesario.

Mientras tanto, cueza los espaguetis en abundante agua salada hirviendo, escúrralos, y viértalos en una fuente de servir; riegue con la salsa de trufa, y remueva bien.

Sirva el plato enseguida.

Ñoquis gourmet

Ingredientes para 4 personas:

- *500 g de ñoquis*
- *100 g de setas secas*
- *200 g de queso parmesano rallado*
- *4 cucharadas de albahaca fresca o 1/2 cucharadita de albahaca seca*
- *150 g de jamón cocido, en taquitos*
- *70 g de mantequilla*
- *1 vaso de vino blanco*
- *20 g de harina*
- *1/2 l de leche*
- *sal y pimienta*

Cueza la pasta en una olla con abundante agua salada hirviendo, y escúrrala.

Ponga en agua templada las setas, y pique la albahaca bien lavada y escurrida.

En una cacerola, dore el jamón con 20 g de mantequilla. Incorpore la albahaca y las setas escurridas y troceadas; rocíe con el vino blanco, y deje que espese la salsa a fuego lento durante 10 minutos.

Ponga una primera capa de pasta en una fuente para horno untada con 20 g de mantequilla. Recúbrala con la salsa, y espolvoréela con el queso parmesano. Repita la operación hasta que termine con los ingredientes.

Prepare una bechamel clarita: derrita el resto de la mantequilla, y disuelva en ella la harina, removiendo con una cuchara de madera; diluya con la leche caliente, salpimente, y cueza durante 10 minutos, sin dejar de remover.

Vierta la salsa sobre la pasta, en la fuente; hornee durante 15 minutos a 220 grados, y sirva caliente.

Macarrones con berenjenas

Ingredientes para 4 personas:

- *400 g de macarrones*
- *2 berenjenas*
- *200 g de champiñones*
- *el zumo de 1 limón*
- *2 dientes de ajo*
- *1 vaso de aceite de oliva*
- *5 hojas de salvia*
- *5 hojas de albahaca fresca o una pizca de albahaca seca*
- *400 g de tomates pelados*
- *sal y pimienta*

Limpie las berenjenas, lávelas, córtelas y póngalas en un colador; sazónelas con abundante sal y déjelas así durante 1 hora, para que pierdan su líquido amargo.

Limpie los champiñones, lávelos bien, y sumérjalos en agua con el zumo de limón, para evitar que ennegrezcan.

Ponga en una cazuela los dientes de ajo pelados, 5 cucharadas de aceite, la salvia y la albahaca, y dore a fuego lento; añada los tomates triturados, salpimente, y deje espesar a fuego lento durante 25 minutos.

En otra cazuela, ponga a fuego vivo las berenjenas con el resto del aceite, caliéntelo durante 5 ó 7 minutos; añada los champiñones troceados, sale ligeramente, y déjelos cocer a fuego lento durante 30 minutos.

Hierva la pasta en abundante agua salada, escúrrala, viértala en una fuente, y condiméntela con la salsa preparada, las berenjenas y los champiñones.

Remueva bien los ingredientes antes de servir.

Rizos con salami

Ingredientes para 4 personas:

- *500 g de rizos de pasta*
- *1 diente de ajo*
- *2 ramitas de perejil*
- *1/2 cebolla*
- *5 cucharadas de aceite*
- *150 g de salami cortado en 5 rodajas*
- *2 cucharadas de tomate concentrado*
- *2 cazos de caldo*
- *3 cucharadas de queso parmesano rallado*
- *sal y pimienta*

Pique el ajo, el perejil y la cebolla; ponga estos ingredientes en una cazuela con el aceite, y dórelos a fuego lento durante 10 minutos.

Añada el salami cortado en cuadraditos, déjelo cocer durante 3 minutos, y vierta en la cazuela el tomate disuelto con el caldo; salpimente, y siga la cocción durante 40 minutos.

En una cacerola con abundante agua salada hirviendo, cueza la pasta, y escúrrala; colóquela en una fuente, condiméntela con la salsa, y espolvoréela con el queso parmesano rallado antes de servir.

Masa de pizza

Ingredientes para 4 personas:

- *300 g de harina de trigo*
- *20 g de levadura de pan*
- *1 vaso de agua tibia*
- *2 cucharadas de aceite de oliva*
- *1/2 cucharadita de sal*
- *harina para extender la pasta*

Para preparar la masa de levadura, diluya ésta en 30 ml de agua, incorpore después dos cucharadas soperas de harina y trabaje hasta obtener una pasta blanda. Forme una bola, póngala en un cuenco enharinado y cúbrala con un paño limpio. Deje reposar durante una hora.

Disponga el resto de la harina en círculo; incorpore la masa de levadura, una pizca de sal, el aceite y el agua tibia necesaria. Trabaje hasta conseguir una consistencia elástica y suave.

Forme una bola con la masa y colocarla en un bol enharinado; cubra y deje reposar de nuevo durante tres horas.

Caliente el horno a 220 grados.

Trabaje brevemente la pasta antes de extenderla, para formar una sola base de pizza o varias, si se prefiere.

Extienda la masa sobre el fondo desmontable de un molde de tarta de unos 30 cm de diámetro, o sobre varios si se ha optado por pizzas individuales. Deje la masa más fina en el centro y forme un reborde un poco grueso todo alrededor.

Hornee a 220 grados durante 20 minutos; saque la pizza para poner el relleno que desee, vuelva a introducirla al horno a 200 grados y prosiga la cocción oros 10 minutos.

Sirva caliente.

Conchas con carne y alcaparras

Ingredientes para 4 personas:

- *500 g de conchas de pasta*
- *300 g de solomillo de añojo, en filetes*
- *1 cebolla pequeña*
- *12 filetes de anchoa en aceite*
- *50 g de alcaparras*
- *1 cucharada de albahaca picada*
- *aceite de oliva*
- *el zumo de 1 limón*
- *sal y pimienta*

Corte cada filete de añojo en tiras finas, y póngalas en un cuenco.

Corte en aros la cebolla, y pique los filetes de anchoa; agregue estos ingredientes a la carne, y salpimente.

Por último, añada las alcaparras y la albahaca picada, rocíe con un chorrito de aceite y con el zumo de limón, y remueva varias veces con cuidado. Tape el cuenco con un plato, y guárdelo en el frigorífico durante 2 horas.

Pasado este tiempo, vierta las conchas, previamente cocidas y escurridas, en una fuente, y mézclelas con el preparado.

Antes de servir aliñe el plato con unas gotas de aceite.

PRODOTTO
ITALIANO
100% PURO
OLIO D'OLIVA
LUCCA
TOSCANA

Fettuccini del tragón

Ingredientes para 4 personas:

- *400 g de fettuccini frescos*
- *200 g de setas*
- *2 cucharadas de aceite*
- *25 g de mantequilla*
- *1 vaso de nata*
- *el zumo de 1 limón*
- *1 cucharada de perejil picado*
- *50 g de queso parmesano rallado*
- *sal*
- *pimienta*

En primer lugar, limpie las setas, cortando la parte inferior del tallo; lávelas y sumérjalas en una cacerola con agua y el zumo de limón hirviendo; cueza durante 5 minutos, escúrralas y trocéelas.

Ponga al fuego una cacerola, a ser posible de barro, con el aceite; cuando esté caliente, añada las setas, y cueza durante 10 minutos más; salpimente, rocíe con la nata, y deje cocer a fuego lento durante 15 minutos.

Hierva la pasta, escúrrala, póngala en una fuente de servir con la mantequilla, agregue las setas, el perejil y el queso parmesano rallado, y remueva bien.

Sirva el plato bien caliente.

Lazos con atún y setas

Ingredientes para 4 personas:

- *500 g de lazos de pasta*
- *1 diente de ajo*
- *3 cucharadas de aceite de oliva*
- *300 g de setas*
- *1 vaso de brandy*
- *1 lata de atún en aceite*
- *100 g de mozzarella*
- *unas ramitas de perejil*
- *50 g de queso parmesano rallado*
- *sal*
- *pimienta*

Ponga al fuego una cacerola grande con el aceite, el ajo picado, y las setas bien limpias y troceadas, y cuézalas a fuego lento durante 20 minutos, hasta que las setas hayan perdido toda su agua. Rocíelas con el brandy, y salpimente.

Pasados los 20 minutos, agregue el atún desmenuzado, con todo su aceite, remuévalo bien, y retírelo del fuego.

Mientras tanto, cueza la pasta al dente, en abundante agua salada hirviendo, escúrrala, y póngala a fuego lento en la cacerola con la salsa de atún. Añada la mozzarella en taquitos y el perejil picado, y rectifique de pimienta, removiendo varias veces.

Espolvoree con el queso parmesano rallado, y sírvalo enseguida.

Tallarines Doña Tecla

Ingredientes para 4 personas:

- *500 g de tallarines*
- *250 g de lomo de cerdo*
- *100 g de salchicha fresca*
- *1 huevo*
- *4 cucharadas de aceite*
- *1 cebolla pequeña*
- *1 lata de 200 g de guisantes al natural*
- *2 tomates*
- *100 g de queso parmesano rallado*
- *nuez moscada*
- *sal*
- *pimienta*

En un cuenco, mezcle el lomo picado, la salchicha sin piel y desmenuzada, el huevo, la nuez moscada, la sal y la pimienta, y forme unas albóndigas.

Ponga al fuego una sartén grande con el aceite y la cebolla finamente picada, y agregue las albóndigas al sofrito, dejando que se doren.

A continuación, añada los guisantes, escurridos de su propio líquido, y los tomates, que si son frescos deberá, en primer lugar, escaldar, pelar y limpiar de semillas. Deje cocer a fuego lento durante 10 minutos.

Cueza la pasta en abundante agua salada.

Ponga en una fuente de servir la pasta escurrida, las albóndigas y los guisantes con toda su salsa; espolvoree con el queso parmesano rallado, y sirva enseguida.

Esta receta puede servirse como plato único.

Ñoquis al pesto

Ingredientes para 4 personas:

- *500 g de ñoquis*
- *1 manojo de albahaca*
- *2 dientes de ajo*
- *1/2 vaso de aceite de oliva*
- *25 g de piñones*
- *100 g de queso parmesano rallado*
- *sal*
- *pimienta*

En primer lugar, prepare la salsa "al pesto": ponga en la batidora las hojas de albahaca bien lavadas y escurridas, los dientes de ajo pelados, el aceite y los piñones, y sazone ligeramente con sal y pimienta. Triture, a la velocidad máxima, durante 3 minutos, y vierta el "pesto" en una taza; agregue el queso parmesano rallado, y si no estuviera bien cremoso, añada un poco más de aceite.

Cueza la pasta en una cacerola con abundante agua salada, escúrrala, y condiméntela con la salsa "al pesto".

Sirva el plato bien caliente.

Macarrones con brécol

Ingredientes para 4 personas:

- *500 g de macarrones*
- *1 cebolla*
- *3 cucharadas de aceite de oliva*
- *1 pastilla de caldo*
- *500 g de brécol*
- *5 filetes de anchoa*
- *50 g de aceitunas verdes*
- *pan rallado*
- *salsa ketchup*
- *sal y pimienta*

Pique finamente la cebolla y póngala al fuego con 2 cucharadas de aceite; dórela ligeramente, y riegue con 1 cazo de agua en el que habrá disuelto previamente la pastilla de caldo. Espolvoree con pimienta, y añada la salsa ketchup; a continuación, agregue el brécol cocido en agua salada y troceado, los filetes de anchoa picados y las aceitunas verdes deshuesadas, y cueza a fuego lento.

Hierva la pasta en agua salada, escúrrala, y condimente con el preparado.

Ponga los macarrones en una fuente para horno untada con el resto del aceite, espolvoree con pan rallado, y hornee a 220 grados durante 20 minutos.

Sirva el plato enseguida, bien caliente.

Rizos a la campesina

Ingredientes para 4 personas:

- *200 g de rizos de pasta*
- *200 g de jamón cocido*
- *1/2 pepino*
- *2 cucharadas de vinagre*
- *200 g de mayonesa*
- *5 cucharadas de nata líquida*
- *1 cucharada de zumo de limón*
- *nuez moscada rallada*
- *jengibre en polvo*
- *sal y pimienta blanca*

Hierva la pasta en abundante agua salada, escúrrala, y pásela por agua fría.

Corte en tiras el jamón, y en rodajas el pepino, sin pelarlo. Póngalos en un cuenco grande, junto con la pasta; salpimente, y rocíe con el vinagre, removiendo varias veces.

Prepare el condimento, mezclando la mayonesa con la nata y el zumo de limón; salpimente, y espolvoree con una pizca de nuez moscada y de jengibre.

Vierta el preparado en la fuente con la pasta, y remuévalo bien antes de servir.

VINO
CORVO
CASA FONDATA NEL 1824

ÍNDICE DE RECETAS

Edita: Club Internacional del Libro / Avda. de Manoteras, 50-52 / 28050 Madrid

I.S.B.N.: 978-84-407-1841-9 / D. L.: B-17.877-2007 / Impreso por Rol-Press, S. L. / Impreso en España